Otto Ribbeck

C. Valerius Catullus, eine literar-historische Skizze

Otto Ribbeck

C. Valerius Catullus, eine literar-historische Skizze

ISBN/EAN: 9783744610513

Hergestellt in Europa, USA, Kanada, Australien, Japan

Cover: Foto ©ninafisch / pixelio.de

Weitere Bücher finden Sie auf **www.hansebooks.com**

An Theodor Heyse.

Diese Blätter, verehrter Freund, bieten Ihnen wenig oder nichts Neues. Aber da ich einmal Veranlassung fand, sie drucken zu lassen, so gebühren sie Ihnen schon deshalb, weil vielleicht das beste daran, nämlich das Gelungenste in den Uebersetzungen, Ihnen entlehnt, und was ich hier und da auf eigene Gefahr gewagt habe, Ihrer Prüfung vor Allem bedürftig ist.

Auch daran liegt mir, ob das Lebens- und Charakterbild, das in ausgeführteren Zügen hier wohl zum erstenmal versucht ist, von Ihnen als ein treffendes erkannt werde. Gedacht hab' ich beim Entwurfe desselben viel an Sie, an den schönen Römischen Winter, wo es uns gelang, Ihnen Ihren Catull abzuschwatzen, und an die nur zu flüchtigen Tage des Wiedersehens in Basel, in deren Erinnerung Ihnen dieses Heftlein zugleich traulichen Gruß und Glückwunsch vermitteln möge aus meiner neuen Heimath in die Ihrige.

Kiel, den 15. März 1863. O. R.

Vor etwas mehr als einem halben Jahrtausend fand ein Stadtschreiber in Verona, Messer Francesco, eine sehr unleserliche lateinische Handschrift. Darin befand sich ein damals verschollener Schatz, das „Buch der Lieder" von Catullus, leider verstümmelt, dessen nicht eben geistlicher Inhalt, soviel sich ersehen läßt, im Dunkel des Mittelalters nur zwei Bischöfen bekannt geworden war, dem gelehrten Isidor von Sevilla im siebenten und dem französischen Mönch Rather, der in den Jahren 931 und 957 den bischöflichen Stuhl in Verona eingenommen hatte. Vielleicht ist letzterer es gewesen, der von frommen Gewissensbissen getrieben, wie er sie in einer seiner Predigten andeutet, sein eigenes, seltenes Exemplar in einem Anfall barbarischer Askese der Vergessenheit wieder anheimgegeben und irgend einem Winkel der Stadt überlassen hat, aus dem das Finderglück jenes Schreibers es wieder errettete; vielleicht auch hat er es wider Willen seinem Schicksal überlassen müssen, als er im Jahr 968 aus Verona vertrieben wurde. Jedenfalls verdienen beide unseren Dank. Auch hat ein gleichzeitiger, angesehener Stadtpoet des benachbarten Vicenza, Benvenuto de Campesanis, es nicht unterlassen, die Wiederauferstehung des größten Veroneser Dichters in seiner eignen Vaterstadt, die Hervorholung seines poetischen

Lichtes unter dem Scheffel (Lucas Ev. 11, 33) durch die Hand eines Landsmannes, in etwas verblümten Distichen zu feiern, welche die Gelehrten lange genug in die Irre geführt haben. Aber ohne den jugendlich warmen, patriotischen Eifer der Italiäner jener Zeit, welche die neu gehobenen Schätze ihrer classischen Vorfahren (und so zu sagen jeder Tag brachte solche zum Vorschein) gar zu gern frisch aufgeputzt in alle Welt verbreiten mochten, wären wir dennoch um den Genuß jenes Liederbuches gekommen. Denn nur in recht schlechten, zum Theil willkührlich veränderten, späteren Abschriften noch besitzen wir dasselbe: das Exemplar des Messer Francesco ist wieder unter seinen Scheffel zurück- oder untergegangen.[1]

Es ist nicht in jeder Beziehung der bedeutendste Römische Dichter, dessen Bild ich hier entwerfen will. Er hat nicht die allseitig und tiefeingreifende, schöpferisch-reformatorische Gewalt auf Literatur und Sprache geübt, wie der „vielgestaltige" Ennius; auch hat er kein Werk geschaffen, das wie Vergil's kunstvolles Epos von Aeneas einen Schatz von Sagen und Sitten aus der Urzeit der Nation feingeschliffen in edelster Fassung verewigt hätte; die ruhige Klarheit glücklicher, gereifter Lebensphilosophie, die stets den Horaz zum Freund und Begleiter beschaulich-ironischer Naturen machen wird, finden wir hier nicht; die mit dem sprödesten Stoff spielende, unermüdliche, fast übermüthige Leichtigkeit in der Form, die bewundernswerthe Erfindsamkeit Ovids in immer neuen Wendungen der Bilder und Gedanken geht Catull noch ab; wer endlich sittliches Pathos, von glänzender Rhetorik gehoben, sucht, nehme die Satiren Juvenals zur Hand. Catull weiß von Philosophie und Redekünsten Nichts; seine Gedichte hat er selbst nur für Kleinigkeiten, für „Nichtigkeiten", wenn man seinen Ausdruck (nugae) gebrauchen soll, ausgeben wollen. Es sind zum größten Theil Herzensergießungen persönlichster Art, Billets, scheinbar vom Augenblick dictirt, lustige und beißende Einfälle, Kindereien und Neckereien, fliegende Blätter, die sich wie zufällig zum Kranze winden. Aber es redet ein warmes, wahres Dichtergemüth darin, eine reiche Folge lebens= und seelenvoller Stimmungen, die jede conventionelle Phrase verschmähen und in mannigfachen, damals ganz neuen, fein empfundenen Rhythmen gar anmuthig und oft ergreifend ausströmen: fröhliche Lebenslust und Schelmerei, kindliche Hingabe an den Moment, harmloses Vertrauen, die innigste Freundschaft, tiefste Liebesgluth. Aber schnell strömt dem Poeten das Blut in den Adern: Untreue, Lüge und Tücke treibt es ihm in Wogen zu Kopf; er ist eben so feurig im Zorn wie in der Liebe, eben so schonungslos, ja cynisch im Ausdruck der Verachtung, als weich und anschmiegend in zärtlicher Stimmung. Und Alles sprudelt frisch aus Römischem und Veroneser Leben heraus: Stadtkundiges wie Mysterien aller Art, Liebeständeleien und Schicksale, wie sonstiger gemüthlicher und pikanter Klatsch bis zu der gänzlich ungemüthlichen Politik hinauf, die unserem Dichter natürlich auch Gemüthssache ist. Wir müssen uns freilich nicht die Mühe verdrießen lassen, den leisen Anklängen Ton und Farbe aus der Zeitgeschichte wiederzugeben, die willkührlich vom Zufall durch einandergewürfelten Stifte des Mosaik wieder zurechtzulegen. Dies

will ich versuchen, so weit es die Zeit und meine Kräfte
erlauben. Von Uebersetzungen Catulls ist allein genießbar
die meisterliche von Theodor Heyse [2]): es lebt ein eben=
bürtiger dichterischer Genius darin, der bei glücklicher Mi=
schung von Freiheit und Treue das Abbild adelt, wenn auch
im Einzelnen Manches geopfert ist. In jedem Worte
und doch zugleich im Ganzen die volle Natur und dann
wieder die ganze Kunst des Originals wiederzugeben, ge=
hört hier bisweilen mehr wie z. B. bei den griechischen
Tragikern zu den Unmöglichkeiten Wenn nun die Proben,
die ich hier einzuflechten gedenke, mehrfach, z. Th. aus rein
philologischen Gründen von der Heyse'schen Uebersetzung, die
ich im Ganzen zu Grunde gelegt habe, abweichen, so will
ich mich damit keineswegs vermessen, beßeres als den leidigen
„umgekehrten Teppich" zu Stande gebracht zu haben.

C. [3]) Valerius Catullus war wie fast alle be=
deutenderen Dichter Roms kein Kind der Siebenhügelstadt:
ihr wuchsen die besten Talente in bescheidener Stille klei=
nerer Landstädte, bisweilen sogar in fernen Provinzen zu,
während den reichsstädtischen Einflüssen vorbehalten blieb,
den schlummernden Geistesfunken entweder zu wecken oder
doch zu fördern und zur Geltung zu bringen. Catulls
Heimath war Verona, und im Sommer der Edelstein des
herrlichen Gardasee's, die Halbinsel Sirmio, wo der Vater
eine Villa besaß. Rings umher in der lachenden Lombardi=
schen Ebene waren Verwandte vom Valerischen Geschlecht an=
gesessen und der gesellige Verkehr der Nachbarn war lebhaft
genug. Den frühreifen, glühenden Jüngling trieb es aber bald
fort, die hohe Schule für alle weltmännische wie literarische

Bildung zu beziehen. Etwa mit 20 Jahren (687/67) [4]) müssen wir ihn uns einwandernd denken in die Thore der glänzenden, mächtigen Weltstadt. Wer sich hier des Ankömmlings zuerst mit väterlichem oder freundschaftlichem Rath angenommen haben mag, wissen wir nicht. Unter der vornehmeren Jugend war ein üppiger, ja lüderlicher Ton eingerissen: Schmausen und Zechen, Reiten und Jagen, zügellose Liebe und Spiel, der Götzendienst der Mode und vor Allem die noble Kunst Schulden zu machen und nicht zu bezahlen, — das war guter Ton und Lebensaufgabe für viele der jungen Herren, deren Väter schon unter Sulla's nachsichtiger Führung mit Asiatischem Luxus und Laster gründlich vertraut geworden waren (Sallust Catilina 11). Ihr Meister und Pädagog war der bleiche Catilina, der mit unheimlichem Zauber Schaaren dieser hoffnungsvollen Romulusenkel wie der unerfahrenen Bürschchen aus Pflanz- und Landstädten (Sallust Catilina 17) an sich zog, und so in der Stille ein Heer ruinirter Leute zum Umsturz der morschen Verfassung heranschulte. Grade damals brütete er über dem ersten Versuch zur Ausführung seiner Pläne. Da die Aussicht auf politische Herrschaft mit dabei ins Spiel kam, so waren es nicht die flachsten Köpfe, die zu seinen Clubbs und seiner dämonischen Natur sich hingezogen fühlten.

Catull's offne, gesunde Poetennatur aber war für Verschwörungen nicht geschaffen, und ihm glänzte die Herrlichkeit der alten Republik in treuer Seele. Ihn, der schon in der Heimath seit Ablegung des Kinderrocks (683/71) dem heiteren Spiel der Musen sich hingegeben hatte (c. 68ᵃ,

15), nahm in Rom ein harmloser Kreis eng unter einander befreundeter Landsleute aus der Lombardischen Heimath in seine Mitte, und machte ihn bald mit anderen Musensöhnen verschiedenen Ranges bekannt.

Längst waren die Griechlein, deren erste Vorläufer vor etwa 170 Jahren demüthig als Sclaven nach Rom gezogen waren und hier eine Römische Literatur wie einen Garten auf ein Brachfeld angepflanzt hatten, mit den leider etwas herabgekommenen Herrlichkeiten ihres Vaterlandes zu Ehren gelangt. Wie es von griechischen Spaßmachern, Köchen, Aerzten, Philosophen, Musikern, Tänzern und Mimen, Künstlern, Poeten und Literaten jeder Art wimmelte und ihnen die ersten Häuser offenstanden, so wurden von jedem Römer, der auf den Titel eines wahrhaften Reichsstädters (urbanus) Anspruch machte, die Stunden der Muße (und deren gab es auch für die auf dem Forum, im Senat oder im Lager Vielbeschäftigten immer genug) dem Studium der griechischen Literatur gewidmet, und wer sein Lehrgeld beim Sprachmeister und Rhetor nicht ganz vergeblich bezahlt, oder gar seine Studienjahre in Athen und Rhodus nicht verloren haben wollte, konnte der Versuchung nicht widerstehen, auch aus eigenem Geistesvorrath den Musen ein bald bescheidenes, bald unbescheidenes Opfer darzubringen. Kleine freundschaftliche Neckereien, Côteriewitze, Erinnerungen an einen lustigen Abend oder eine selige Nacht, überschwängliche Complimente für Dichter, Künstler, Schauspieler, besonders aber erotische Geständnisse, in einigen Distichen oder Anakreontischen Tändelversen zugespitzt, mit mehr oder weniger pikantem Arom gewürzt, cursirten von allen Seiten, theils in anspruchsloser Form von fliegenden Blättern, theils mit allen Chicanen buchhändlerischer Eleganz, Elfenbeinknöpfen, Purpurriemen, Bimssteinschliff ausgestattet. ⁵) Konnte doch weder der nüchterne Cäsar noch sein Mörder Brutus, der Stoiker, der Versuchung widerstehen, sich — wenn nicht einen Platz auf dem Parnaß, so doch einen heimlichen Winkel in Bibliotheken mit Gedichten zu erobern, die vor den unglücklichen Versuchen Cicero's nichts voraushatten, als daß sie zur späteren Befriedigung ihrer Verfasser bald in tiefere Vergessenheit versanken. ⁶) Die Scävola, Torquatus, Lentulus, Sulpicius, Catulus, Memmius, Messalla, und wie sie Alle heißen, die Söhne erster Familien, Alle huldigten dieser Mode: es war ein Zeichen von guter Erziehung, sich des Römischen Ernstes in möglichst lockeren, poetischen Spielereien zu entledigen. Hielt doch der als gelehrter Philolog wie als Dichter in hohem Ansehen stehende Valerius Cato eine eigene Poetenschule, die von vielen adligen Herren besucht wurde, wobei nur zu verwundern, daß diese Lateinische Sirene (um mit einem Spottvogel seiner Zeit zu reden), der unvergleichliche Meister, der es allein verstand Dichter zu lesen und zu machen, der alle Schwierigkeiten in Büchern zu lösen wußte, trotz so lebhafter Kundschaft dennoch es nicht dahin gebracht hat, einen einzigen Namen zu lösen, nämlich seinen eigenen im Schuldbuch der Gläubiger. ⁷)

Neben dieser unermeßlichen Schaar von Dilettanten erscheint die eigentlich zünftige Poesie, soweit wir davon wissen, fast schwach vertreten. Es ist keine mittelalterliche Uebertragung, wenn ich von einer Dichterzunft in jener Zeit rede. So gut wie die Walker, Färber, Schuster, Maler, Musiker, Aerzte und Schullehrer, bildeten auch die Dichter damals in Rom eine eigene Corporation, die im Tempel der Minerva als der Patronin aller Gewerbe und Künste, auf dem Aventin im Plebejerquartier ihre religiösen und weltlichen Zusammenkünfte hielt, auch wohl in der Nachbarschaft Häuser zu bescheidenen Poetenwohnungen besaß. [8]) Gleich der Begründer der Römischen Literatur, Livius Andronicus (547/207) hatte — nicht etwa durch sein künstlerisches Verdienst, sondern weil er sich als Anfertiger eines Processionshymnus dem Gemeinwesen nützlich erwiesen, dem „Schreiberstande", wie er damals noch hieß, jene officielle Anerkennung von Seiten des Staates verschafft [9]), und mit der Zeit war denn diese Zunft, die noch lange zu ihrem besten Theil aus Freigelassenen bestand, eine Macht in der Römischen Gesellschaft geworden, der sich anzuschließen selbst Senatoren nicht verschmähten, z. B. der geistreiche Julius Cäsar Strabo, der gelegentlich auch ganz geschätzte Tragödien schrieb; und dem gefeierten Altmeister der Tragödie, dem L. Accius, der noch bis in die Kinderjahre Catulls als hochbetagter Greis gelebt hat, fiel es nicht ein, dem adligen Novizen seinen Ehrenplatz in den Sitzungen zu räumen. [10]) Jetzt vollends waren die Hallen des Minervatempels von Sonntagspoeten erfüllt, obwohl die Production selbst bei den Männern vom Fach gegenüber früheren Zeiten auf ein verhältnißmäßig enges Gebiet beschränkt war. Das Drama war bis auf kurze Genrestückchen aus dem niederen Volksleben, wie sie der Ritter Laberius mit glänzendem Talent lieferte, vom Ballet und

anderem Schaugepränge verdrängt, in den Hintergrund ge=
treten; von versificirten Reichschroniken nach dem Vor=
bilde des Ennius und von Kriegsgeschichten aus jün=
gerer und jüngster Vergangenheit in derselben Manier kam
wohl mancherlei zum Vorschein, aber ohne einen anderen
Eindruck als den einer mehr oder weniger achtungsvollen
Langenweile zu hinterlassen; in einsamer Größe steht das
wunderbare philosophische Lehrgedicht des Lucrez von der
Natur der Dinge, vom Verfasser aus tiefem, aber krankem
Gemüth in lichten Stunden mit ehernem Griffel niedergeschrie=
ben; ebenfalls fern von der Menge auf der Grenze zwischen
Poesie und Prosa hielten sich Varro's originelle Versuche
in der Satire: was die eigentliche Dichterschule beschäf=
tigte, war neben und vor der oben beschriebenen galanten
Lyrik, was unter den Griechen selbst noch immer an
der Mode war und besonders bei den Griechischen Sprach=
und Literaturlehrern in Rom in besonderem Ansehen stand,
— die Hof= und Gelehrtenpoesie der Alexandriner.
Während, wie gesagt, jene Tändelverse für Jedermanns
Sache galten und auch nicht eben höher wie ein flüchtiges
Spiel angeschlagen wurden, concentrirte sich der eigentliche
Kunstfleiß theils auf mühsame Uebersetzungen aus Apollonius
von Rhodus, Kallimachus, Philetas, Arat, Euphorion,
theils auf Originalversuche im Stil dieser Meister, indem
man mit bienenmäßiger Emsigkeit sowohl aus der ansehn=
lichen geographischen und mythologischen Gelehrsamkeit der=
selben, als auch aus dem Bildervorrath und sonstigen Fi=
nessen der Diction wie des Versbaues Honig zusammentrug,
und aus diesem Extract des Extractes (denn die Alexandriner

hatten den Homer und die übrigen classischen Muster in ähnlicher Weise ausgesogen) an langsamer, dünner Spiritus= flamme endlich einen poetischen Liqueur zu Stande brachte, der dann eben wieder, um nur genießbar zu werden, dem Leser nicht ohne die klärende und verdünnende Brühe eines gelehrten Commentars theelöffelweise eingegeben werden konnte. Verschweigen darf man indessen nicht, daß der saure Schweiß dieser Verciseleure der gar ungefügen Römischen Sprache nicht minder zu gute gekommen ist, als die erste Hand, die Ennius einst an den fast völlig rohen Block gelegt hatte, und daß Vergil, Horaz, Ovid es nicht zu der formalen Vollendung gebracht hätten, die ihr Stolz und unsere Freude ist, wenn nicht ihre Vorgänger auch für sie in die ermü= dende Schule von Alexandria gegangen wären.

Es wurde denn auch mit dem neuen Kunstprincip voller Ernst gemacht: seine Anhänger hielten als „Gebil= dete" (docti) und Kenner fest zusammen gegen die weni= gen, die sich, sei es aus gesunder Originalität, wie der Rea= tiner Varro, sei es aus träger Selbstgenügsamkeit dieser Zucht nicht bequemen wollten, und sorgten durch lobende Epigramme und Anspielungen auf der einen, durch vernich= tende Kritiken auf der andern Seite dafür, daß dem Publi= cum der Weg zum wahren Heil gewiesen wurde. Auch unser Catull zollte seiner Zeit den schuldigen Tribut passiv und activ. Der Smyrna seines Freundes Helvius Cinna, einem schwülen, mit mythologischen Räthseln reichlich gewürzten Miniaturepos von der oben beschriebenen Art, das seine richtigen neun Jahre im Pult des Verfassers ausgedauert hatte und wohl der berühmten horazischen

Autorenregel zum Exempel gedient haben mag, verheißt Catull, gewiß in aufrichtiger Bewunderung, Unsterblichkeit, nicht versäumend, zugleich der voluminösen Verschronik eines Schmierers nach altem Stil eine baldige Verwendung zu "Häringshemden" zu prophezeien (c. 95).

Auch entzieht er sich nicht dem Wunsche angesehener Freunde, die sich von seiner eigenen Hand Uebersetzungen Kallimacheischer Gedichte ausbitten. So hat er dem Redner Hortensius, ebenfalls einem poetischen Dilettanten, eine Elegie verehrt, in welcher das eben am Himmel entdeckte Haar der Berenice (66) seine Geschichte erzählt: wie es bei der thränenreichen Trennung des neuvermählten Königspaares seine Betrachtungen über die heuchlerischen Brautthränen vor der Hochzeit angestellt habe, wie es dann, von der Herrin zum Dank für die glückliche Heimkehr des Gatten den Himmlischen geweiht, dem allmächtigen Eisen habe weichen müssen und nun droben leuchte, aber trotz der Empfindlichkeit seiner ätherischen Colleginnen doch frei bekennen müsse, daß es sich schmerzlich nach dem geliebten, salbenduftenden Scheitel der Königin zurücksehne.

Nach unbekanntem Muster, aber ganz in Alexandrinischer Manier, hat Catull in mehr als 400 Herämetern die Hochzeit des Peleus und der Thetis (64) erzählt. Die Hauptsache bildet nur den Rahmen. Auch in diesem ziemlich knappen Bericht tritt das Brautpaar gegen die Hochzeitsgäste und Geschenke sehr zurück. Den meisten Raum aber nimmt ein Teppich in Anspruch, dessen Gewebe, Ariadne auf Naxos darstellend, zu einem selbständigen kleinen Epos Anlaß giebt. Um aber die Einheit des Bildes festzuhalten, werden auch hier die einzelnen Akte der Begebenheit (Erlegung des Minotaurus, Abschied des alten Aegeus von Theseus, und dessen Heimkehr) nur gleichsam parenthetisch, als Commentar in die Klagen der Verlassenen eingeschachtelt. Und im zweiten Theil, der von der eigentlichen Hochzeitsfeier handeln sollte, ist ein langes, an sich schönes Parcenlied eingelegt, das Achills Geburt und Ruhm verkündet, worauf unmittelbar eine bitter=schmerzliche Vergleichung zwischen der ehemaligen, auf sittlicher Unschuld beruhenden, innigen Gemeinschaft zwischen Göttern und Menschen und der jetzigen Entfremdung den Schluß bildet. Diese willkührliche Fügung soll den Eindruck spielender Ueberlegenheit über den Stoff, quellenden Reichthums, vornehmen Sichgehenlassens machen, während zugleich der Ausführung aller vorkommenden Einzelheiten die mühsamste Sorgfalt gewidmet ist.

Aber nicht in diesen und ähnlichen Arbeiten, so verdienstlich im Ganzen und so sinnreich im Einzelnen sie sind, finden wir den Catull, dessen Leben und Dichten uns wirklich zu Herzen geht. Wir müssen ihn aufsuchen im Kreise seiner Freunde, bei Wein und geselligem Scherz, auf Gassen und Spaziergängen, auf Reisen, in Freude und Leid der Liebe.

Catull war ein schwärmerisch=zärtlicher, stürmisch liebender Freund, treu und vertrauend, böse wie gute Tage von Herzen mitempfindend, ein trefflicher Kamerad, nur gefährlich, wenn er durch Bosheit oder Betrug verwundet war: denn von beidem wußte er seine Seele rein (vgl. 9. 12. 30. 38. 73. 77). Von Allen stand ihm Keiner näher, auch durch Natur und Richtung, als der edle Licinius Calvus, ein bedeutendes poetisches und rednerisches Talent. In der Dichtkunst der gleichen Schule anhängend wie Catull, hat er in Stoff und Stil seiner poetischen Arbeiten, soviel wir sehen können, durchweg mit ihm Schritt gehalten, und wo von den Anlagen oder Leistungen des Einen die Rede ist, da wird der Andre nicht vergessen. In Gesellschaft lernt ihn Catull kennen, wo man beim Wein mit improvisirten Versen sich unterhielt. Ganz berauscht vom Geist und der Liebenswürdigkeit des 5 Jahre jüngeren Genossen kehrt er heim, und am andern Morgen nach schlafloser Nacht bittet er dringend wie ein Liebhaber um Fortsetzung des Umganges (50):

> Gestern tändelten viel wir, o Licinius,
> Und vertrieben die Zeit auf meinen Täflein,
> Wie wir uns zu vergnügen abgeredet;
> Machten Verselein einer um den andern,
> Bald in diesem Gesetz und bald in jenem,
> Um die Wette bemüht bei Scherz und Weine.
> Und nun ging ich hinweg, entbrannt von deinem
> Witz, Licinius, deines Geistes Anmuth,
> Daß nicht Speise dem Armen munden wollte,
> Noch in Ruhe der Schlaf besing die Augen,
> Sondern schier wie verrückt im ganzen Bett ich
> Mich umrüttelte, seufzend nach dem Frühroth,
> Daß ich wieder dich säh' und reden hörte.
> Doch als endlich erschöpft von aller Arbeit
> Für halbtodt die Gebein' im Bette lagen,
> Schrieb ich, Köstlicher, dieses Lied dir nieder,

> Draus du möchtest erkennen meine Leiden.
> Und nun hüte dich, Aeuglein, allzukecklich
> Unsre Bitte, wir flehen, wegzuwerfen,
> Daß nicht Nemesis dich zur Buße fordre.
> Hüte dich vor der Göttin: sie ist heftig.

Aber in dem kleinen Körper des Senatorensohnes lebte ein Geist, der über die poetischen Schreibtäflein hinaus strebte. Calvus war auch als Redner der begabteste Chorführer und Mitbegründer einer selbständigen Schule, die der Ciceronischen mit dem Anspruch und dem Bewußtsein der Ebenbürtigkeit gegenüber trat. Er war der Vertreter der sogenannten Atticisten, welche, eine scharfe Grenze zwischen prosaischer und poetischer Diction ziehend, den keuschen, präcisen, schlanken und mit leiser Ironie schlagenden, aber etwas herben und blassen Stil der älteren Attischen Redner, namentlich des Lysias, als mustergültig hervorhoben gegenüber der glänzenderen, durch glatte Anmuth bestechenden, poetisirenden Phraseologie der sogenannten Asianer. Als zuerst, vor mehr als einem Menschenalter (659/95), der 19jährige Q. Hortensius diese jugendlich coquette Manier aus den klein-asiatischen Rhetorschulen auf das Forum übertrug, hatten die feuerwerkartig aufflackernden Bilder und Perioden, die sonore Stimme und der kunstvoll-theatralische Vortrag, der selbst einem Roscius und Aesopus zu lernen gab, Aufsehen und Bewunderung erregt: wie vor einem Götterbilde des Phidias war jede Kritik verstummt; noch Cicero in den Anfängen seiner Laufbahn suchte ihm vor Allen ähnlich zu werden. Aber was den blühenden Jüngling gekleidet hatte, wollte an dem gereisten Consularen (nach 685/69) nicht mehr gefallen: jetzt vermißte man wahre Würde und Tiefe, und wer gar den bloßen Text in schriftlicher Abfassung ohne den blendenden Schimmer des äußeren Vortrags als literarisches Kunstwerk genießen wollte, sah sich durch Gedankenleere und einen auffallenden Mangel an innerer Vollendung arg enttäuscht.[11]

Mit bezeichnendem Schlagwort nannten daher jene Atticisten ihre Richtung die „gesunde", weil sie, der einfach majestätischen Rede ihrer Vorfahren eingedenk, Wortgepränge und Phantasiebilder für unvereinbar mit dem würdevollen Ernst und der natürlichen Gradheit eines römischen Staatsmannes von echtem Schrot und Korn halten mochten. Vor Gericht vollends wollten sie die Aufmerksamkeit der Geschworenen nicht durch den zerstreuenden Reiz wohllautender Cadenzen und brillanter Figuren von dem ruhigen sachlichen Urtheil abgelenkt wissen. Eine offenbare Verirrung freilich war es, wenn einige derselben den schwer verdaulichen Stil des Thucydides, der nie für Hörer berechnet gewesen ist, sich zum Muster wählten, eine Uebertreibung, wenn sie selbst von den Blitzen des Demosthenes nicht eben viel wissen wollten; daß sie aber gegen die innerlich hohle Schönrednerei des Isokrates protestirten, für dessen „Salbentöpfchen" auch Cicero eine eingestandne Schwäche hatte, daran thaten sie wohl. Streitschriften in Brief- und Dialogform verhandelten diese Differenzen: wenn Calvus und Brutus mit einer gewissen doctrinären Exclusivität die Ciceronische Schreibart geschwollen, überfließend, ja ausschweifend und unmännlich schalten, ihr ermüdende Längen, übermäßiges Haschen nach Witz, gesuchten Rhythmus, unrömischen Geist vorwarfen, so diente der große Meister des rednerischen Pathos ihnen von der sicheren Burg seiner glänzenden Erfolge aus mit überlegenen Waffen: er erwiderte, daß das Feld der Beredsamkeit sich weiter erstrecke und auch in Attika sich weiter erstreckt habe als auf Privatprocesse, wie sie Lysias einst behandelt habe; um zu zeigen, was wahrhaft Attische Beredsamkeit in großem Stil sei, übersetzte er die berühmten Streitreden des Demosthenes und Aeschines; er wies in historischen Ueberblicken das Veraltete und die Einseitigkeit jener „trockenen Gesundheit" nach, welche die Knochen, nicht Saft und Blut der Attischen Vorbilder sich angeeignet habe; er forderte jene „Nüchternen" auf, erst etwas im Stil des Isocrates oder Demosthenes oder Aeschines zu schreiben, um den naheliegenden Verdacht zu widerlegen, daß sie nur im Gefühl eigener Ohnmacht mäkelten an dem, was ihnen unerreichbar sei; er erinnert sie endlich, wie ihre durch übergroße Feinheit abgemagerte Rede vor dem Volk, auf dem Forum, wofür doch die Beredsamkeit geschaffen sei, wirkungslos verhalle, ja verspottet werde und selbst die Advocaten vertreibe; und mit sichtbarem Behagen malt er dagegen aus, wie es im Publicum zugehen müsse, wenn ein Redner öffentlich auftritt: schon lange vorher füllen sich die Bänke, bis zur Rednerbühne hinauf ist Alles dicht besetzt, die Schriftführer selbst müssen höflich ihren Platz abtreten; rings eine lauschende Menge aus allen Ständen, die Richter gespannt; athemlose Stille, wenn der Redner die Bühne besteigt, dann wiederholte Zustimmung, vielfaches Bravo, Gelächter wann er will und wann er will Thränen.[12])

Aus dem übrigens sehr anständigen Eifer der Widerlegung noch mehr als aus gewissen dürftigen Complimenten ist immerhin zu schließen, daß die Gegenpartei, deren talentvollste Verfechter, eben Calvus und Brutus, der geistreiche Renegat der Ciceronischen Schule Caelius Rufus, u. a. stets neben Cicero unter den ersten Rednern seiner Zeit genannt werden, gefährlich und einflußreich genug war, und noch in der Kaiserzeit hat sie entschiedene Anhänger gefunden. Für uns haben diese Kämpfe Interesse, weil derselbe Antagonismus, aber in umgekehrter Rollenvertheilung, Cicero der neuen Dichterschule, welche Catull und Calvus vertreten, gegenüberstellt. Wenn aber hier der große Prosaiker den Reactionär spielt und mit etwas affectirtem Patriotismus seinen Ennius, Pacuvius, Accius als die Römischen Euripides, Sophokles, Aeschylus gegen die modernen „Nachleierer des Euphorion" preist, so können wir, unbeschadet der Anerkennung, welche jener wackeren Trias gebührt, und bei aller Rücksicht auf die sonstige Incompetenz des Cicero im Reich der Poesie, doch nicht umhin, den tieferen Grund dieser Antipathie wenigstens zum Theil auch in persönlicher Empfindlichkeit zu suchen; wie denn auf der anderen Seite Calvus, der als 16jähriger Knabe es hatte erleben müssen, daß sein Vater, wegen Erpressungen in der Provinz von Cicero angeklagt, sich aus Verzweiflung das Leben nahm,[13] von vornherein für die Verdienste des gefährlichen, so gern ins Grelle malenden Redners nicht besonders eingenommen sein konnte. Obwohl eine persönliche Feindschaft zwischen beiden nicht bestand, ja beide sogar in Anwaltsgeschäften gelegentlich gemeinsame Sache machten.

Um aber nun auf Catull zurückzulenken, so hat dieser in einigen (wenig verstandenen) Zeilen einmal jenen Differenzen einen nach den vorausgeschickten Andeutungen sehr durchsichtigen Ausdruck gegeben. Er bedankt sich für irgend einen directen oder indirecten, absichtlichen oder unwillkührlichen Dienst, den die Ciceronische Beredsamkeit ihm geleistet hat, in folgenden zweischneidigen, mehr noch schraubenden als geschraubten Zeilen, die in der Anrede auch auf das Selbstbewußtsein der autochthonen Söhne Latiums gegenüber den Ankömmlingen aus der Provinz anspielen (c. 49):

> Redemächtigster aller Remusenkel,
> Marcus Tullius, soviel sind und waren,
> Und sein werden im Lauf von neuen Jahren,
> Ganz ergebensten Dank sagt dir Catullus,
> Unter allen Poeten er der letzte,
> Unter allen Poeten so der letzte,
> Wie von allen Patronen du der erste.[14])

Dies ist die einzige Begegnung Catulls mit Cicero, die in seinen Gedichten erhalten ist. So ziehen manche bedeutende Figuren jener Zeit an uns vorüber, während wir das Büchlein durchblättern: Asinius Pollio, dessen Gönnerschaft später Vergil und Horaz genossen, als artiger, feiner Knabe von etwa 16 Jahren (c. 12). Er hat noch als angesehener Staatsmann die Polemik gegen den Ciceronischen Stil, welche er in diesem Kreise gelernt hatte, mit einer gewissen schonungslosen Bitterkeit in besonderen Schriften geführt, und ist in der eigenen Praxis der strengen Schmucklosigkeit seiner Schule treu geblieben. Ferner Sestius, der Parteigenosse Cicero's, der für seine Rückberufung

aus dem Exil agitirt, als Volkstribun sich mit den
Gladiatorenbanden des Clodius wacker in den Straßen
herumgebalgt hat und in einer Doppelanklage wegen Ruhe-
störung und Wahlumtrieben von Cicero, Hortensius und Calvus glänzend vertheidigt ist. Es geschah das in unvermeid-
licher Anerkennung seiner Bemühungen um die Partei und
zur Ehre derselben, nicht seiner persönlichen Liebenswürdigkeit wegen. Vielmehr war er ein ungemüthlicher, wider-
haariger Gesell, [15] dem Cicero schon deshalb aus dem Wege
ging, weil er ihm Concurrenz mit Witzen machte, die im
Curs gelegentlich für Ciceronische angenommen wurden und
dem Meister der Bonmots seinen Credit verdarben. [16]
Auch was er schrieb war frostig und unerquicklich: für
die übelstilisirten Proclamationen des Pompejus, die aus
des Sestius Feder geflossen sind, weiß Cicero keinen bezeich-
nenderen Ausdruck als: er habe nie etwas Sestiodischeres ge-
lesen. [17] Aber dieser Herr gab gute Diners denen, welche
geduldig genug waren, die Werke seiner Beredsamkeit zu
lesen, und gutmüthig oder heuchlerisch genug, sie zu loben.
Und so läßt sich denn auch unser Catull durch die Sage
von den Herrlichkeiten der Sestianischen Tafel verlocken, zur
Erfüllung der unerläßlichen Vorbedingung, der Lectüre einer
Sestianischen Rede zu schreiten. Aber so pestilenzialisch war
der kalte Wind, der ihm daraus entgegenschlug, daß ihn
Fieber und heftiger Husten packten und er eilends auf seiner Villa bei Tibur Heilung für die kranke Brust suchen
muß. Genesen dankt er für die gnädige Kur (44, 16 ff.):

Deshalb genesen meinen besten Dank sag ich

Dir, liebes Gütchen, daß die Sünde nicht nachtrug,

Und bin's zufrieden, wenn des Sestius Pestschriften
Mir wieder kommen, daß Erkältung und Husten
Nicht mir, vielmehr dem Sestius selbst sein Frost bringe,
Der erst mich einlädt, wenn ich Schund gewürgt habe. [18])

Man soll es den Rhythmen anhören, daß dem Dichter noch ein Pflock im Halse steckt.

Calvus kannte diese Reizbarkeit der literarischen Constitution bei seinem Freunde und machte sich gerade zum Römischen Weihnachtsfest, an den Saturnalien, das grausame Vergnügen, ihm zum Festschmause ein dickes Packet poetischer Novitäten schlechtester Sorte ins Haus zu schicken. Der Gepeinigte rächt sich bei der Zurücksendung mit der boshaften Insinuation, die Maculatur sei wohl Clientenhonorar, das ein Schulmeister dem Herrn Advocaten verehrt habe, und mit Verheißung furchtbarer Revanche (14):

Liebt' ich inniger nicht als meine Augen
Dich, mein lustiger Calvus, nun so haßt' ich
Mit Vatinischem Haß für dein Geschenk dich.
Denn was hab ich gethan und was gesprochen,
Daß du mich mit Poeten morden wolltest?
Strafen sollen die Götter den Clienten,
Der dies räudige Pack dir angehängt hat.
Schickt dir, wie ich vermuthe, so erlesne
Neue Waare der Schulpedante Sulla,
Schadets nicht, ja es freut mich außermaßen,
Daß doch deine Bemühung nicht umsonst war.
Himmel! was für ein schauderbar verfluchtes
Buch! und deinem Catull ins Haus, — begreiflich
Daß er selbigen Tags des Todes würde,

Grab am herrlichsten Tag, den Saturnalen!
Nein, Spaßvogel, das soll dir nicht geschenkt sein
Morgen lauf ich in alle Bücherläden,
Will die Cäsier, will Suffen, Aquinus,
Allen giftigen Schund zusammenraffen:
Mit der Buße belohn' ich deine Sendung.
Ihr indessen hinaus, hinaus, und zieht mir
Heim, von wannen der schnöde Fuß euch hertrug,
Aergernisse der Welt, ihr Schandpoeten!

Den Aquinus erwähnt Cicero einmal (Tusc. V 22, 63): „ich habe noch keinen Poeten gekannt (und Aquinus war mein Freund), der sich nicht der beste gedünkt hätte." Suffenus war einer jener braven, wohlerzogenen, die das unverbesserliche Gelüste haben, sich mit versificirten Ungeschlachtheiten in Goldschnitt und Saffian zu blamiren (vgl. c. 22).

Zu jenen Landsleuten aus dem diesseitigen Gallien gehörte ferner außer dem schon genannten Poetenvater Valerius Cato (c. 56) — als Respectsperson ein damals bereits sehr angesehener Mann, Freund des Cicero, des Varro, des geistreichen Banquiers Atticus, der sichs nicht hat träumen lassen, daß die ärmlichen Trümmer seines bedeutendsten biographischen Werkes, das in wenigstens 16 Büchern das Leben berühmter Männer schilderte, einst unsern Quartanern Kopfzerbrechen machen würden, Cornelius Nepos, ein in Literatur und Culturgeschichte viel bewanderter Mann, kein großer Geist, aber sehr empfänglich für fremde Größe und jedes originelle Talent: auch er machte gelegentlich seinen galanten Vers (Plin. Briefe V 3, 6). Schon in den Erstlingsversuchen unseres Dichters erkannte er seine Bedeutung und schaffte ihnen Anerkennung, [19] wofür ihm denn auch später die Sammlung jener „Nichtigkeiten, die er früh für ein Etwas gehalten hatte", dedicirt ist.

Ganz aus der Nachbarschaft Catulls, aus Cremona, stammte der 10 Jahre ältere Dichter **Furius Bibaculus**, den wir als seinen Bundesgenossen nachher kennen lernen werden. Später kam eben daher **Quintilius Varus** hinzu; derselbe wird zu dem etwa 8 Jahre älteren Catull ebenso hinaufgesehen haben, wie er für die jüngere Generation, für Vergil und Horaz, als Auctorität in Sachen poetischer Kritik galt. (Horaz a. p. 438 ff.) Es ist derselbe, dessen zu frühen Tod (730/24) die schöne Horazische Ode (I 24) betrauert: „dessen gleichen Gewissenhaftigkeit und der Gerechtigkeit Schwester, die unbestochene Treue, und die nackte Wahrheit wann jemals finden werden?" Fünfunddreißig Jahre früher war er ein munteres Bürschchen, mit dem Catull behaglich schlendert, Damenvisiten abstattet, gelegentlich poetische Novitäten kritisirt (c. 10. 22).

Denn auch an den Herzensangelegenheiten seiner Freunde nimmt dieser natürlich den wärmsten Antheil, bisweilen mit etwas gutmüthiger Neckerei, z. B. wenn er die taubenhafte Zärtlichkeit und das Liebesduett eines in den Flitterwochen schwärmenden Pärchens ausplaudert (45):

Akme, seine Geliebt', im Schooße haltend,
Ruft Septimius: „Akme, meine holde,
Wenn vor Liebe zu dir ich nicht vergehn will
Und dich immer und ewig lieben werde,
Wie nur je sich ein Mensch zu Tode liebte,

Mag in libyscher Oed', am heißen Indus
Einsam ich dem ergrimmten Leu begegnen".

Dies geredet, und Amor von der Linken
Erst und dann von der Rechten nieste Beifall.

Doch leisübergebognen Köpfchens Akme
Ihres wonnigen Knaben trunkne Aeuglein
Herzlich küssend mit jenem Purpurmunde
„Süßes Leben", sagte sie, „mein Septimchen,
Dienen immer wir diesem Herrn alleine,
So gewiß wie die Flamme mir noch schärfer
Ach und glühender brennt im weichen Marke!"

Dies geredet, und Amor von der Linken
Erst und dann von der Rechten nieste Beifall.

Nun dem gütigen Götterwink vertrauend
Tauschen liebend geliebt sie Herz um Herze.

Er, Septimius, gäbe seine Akme
Nicht um Syrien hin und um Britannien;

Ihr Septimius ist der treuen Akme
Aller Wonnen und Wünsche Ziel und Abgott.

Wer hat reichere Menschen je gesehen?
Wer ein liebendes Paar so hold begnadet? [20])

In ernsten Distichen drückt er dem Calvus, der seine Frau Quintilia durch den Tod verloren, seine Theilnahme aus. Er bestätigt ihm die freundliche Hoffnung (Calvus fragm. 5), daß die Trauerelegieen des Gatten auch in der Gruft vernommen werden und das zu früh zerrissene Band weiterspinnen mögen (96).

Aber wahrhaft erquicklich wie lachender Sonnenschein leuchtet uns ins Gemüth das **Hochzeitsgedicht** für ein wackres Patricier=Paar, den jungen Manlius Torquatus und seine Vinia Aurunculeia (c. 61). Man muß sich freilich die ganze Folge sinnvoller Gebräuche vergegenwärtigen, welche die solenne Absingung eines echtrömischen Hymenäus begleiteten, um das dramatische Leben ganz zu empfinden, welches diese, von Mädchen= und Knabenchören in mannigfachen Gruppen gesungenen Strophen beseelt. Ausmalen muß man sich, wie die Braut im Kreise ihrer Gespielinnen mit den Brautgewändern und dem flammigen Kopftuch geschmückt wird, wie beim Erscheinen des Abendsterns die Mädchen unter Hymen=Rufen den Bräutigam einladen, wie die Braut, von einer ungeduldigen Menge, die mit Fackeln vor der Hausthüre harrt, endlich herausgeklopft wird, unter Thränen vom elterlichen Hause scheidet, — und dann gleichsam ein Dionysischer Festzug unter Fackeltanz und Flötenspiel über die Straße wallt; wie unterwegs der Bräutigam das Kreuzfeuer lustiger Necklieder von Seiten seiner Kameraden bestehen und zum Abschied von den Spielen der Kindheit Nüsse auswerfen muß, bis man vor seiner Wohnung hält, die Braut von zwei edlen Knaben vorsichtig zum guten Zeichen über die Schwelle gehoben wird, und endlich draußen vor der geschlossenen Thür in nächtlicher Stunde die Schaar der Gefährten und Gefährtinnen mit treuherzigen Wünschen für das Glück des jungen Paares die naive Feier beschließt.

Ihm, dem gemüthvollen, für häusliches Glück gewiß

empfänglichen Dichter freilich war ein solcher Hymenäus nicht beschieden, — leider mit durch eigene Schuld. Die Geschichte seiner Liebe ist der einzige Schatten in dem so hellen Characterbilde Catulls, sie ist der Schmerzenston, der die lachenden Lieder durchzieht.

Die Schwester des berüchtigten Gassenhelden P. Clodius Pulcher, die schöne Clodia[21], war in gewisser Beziehung eine würdige Vorgängerin der Messalina. Dem uralten Patriciergeschlecht der Claudier entstammend, das gewohnt war, rücksichtslos gegen Parteigenossen und öffentliche Meinung im Guten und Bösen seinen eigenen Weg oft der Zeit weit voran zu gehen,[22] verband sie mit dem imponirenden Adel junonischer Schönheit alle Reize der Anmuth und allen Zauber glühender Leidenschaft. Fein gebildet, eine geschmackvolle Kennerin einheimischer wie griechischer Poesie, besonders für die schwärmerische Gluth der Lesbierin Sappho empfänglich, vielleicht nach deren Vorbild selbst in erotischer Lyrik sich versuchend, witzig und mit allen Künsten geistreicher Salongeselligkeit und vertraulicher Boudoirconversation reich ausgestattet, eine leidenschaftliche und gewiß virtuose Tänzerin, weit über das Maaß und die Zeit hinaus, welche einer Römischen Dame von Stande geziemte, — übte sie, obwohl verheirathet an einen ihr wenig gewachsenen, arglosen Biedermann (c. 83), Q. Metellus Celer, wie unbefriedigte Frauen von unruhigem Geist und Temperament pflegen, eine verführerische Gewalt über die jungen Männer Roms aus. Ihr Haus, ihre Gärten am Tiber, ihre Villa in dem üppigen Bajä waren der Sammelplatz der goldenen Jugend von Rom, der sie gelegentlich auch in ihren financiellen Nöthen und Aengsten vor dem gestrengen Herrn Vater als Vertraute und Mitverschworene mit freigebigen Spenden aus ihrem Beutel und mit wohlmeinenden Rathschlägen aus liebendem Herzen unter die Arme griff. An fröhlichen Lustfahrten zu Wasser, an Gelagen auch in fremdem Hause und Kreise betheiligte sich die durch und durch emancipirte Dame, mit einer Ungenirtheit ihre Gunst äußernd, welche den Anstandsbegriffen einer Römischen Matrone auch damals noch sehr fern lag. Sie stand eben im heißesten Nachsommer ihrer Jugend, im 33sten Jahr, als ihr Verhältniß zu dem um 7 Jahre jüngeren Catull begann. Aus der Ferne zuerst ergriff den leicht empfänglichen Dichter die Flamme, um so verzehrender, da die Verhältnisse seinen Wünschen nicht günstig waren, „und wie Gießbäche", gesteht er später (68^b, 53 ff.) „die jählings vom hohen bemoosten Felsen auf die sonnengedörrte Straße herabstürzen, so regneten ihm unaufhörlich zu den Wangen herab die Thränen der Sehnsucht." Noch konnte er nicht mehr wagen, als aus der Ferne ein erstes Geständniß zu senden. Er kleidet es in die Uebersetzung einer berühmten **Sapphischen Ode**.[23]). Die von der Geliebten selbst als hohes Muster verehrte **Lesbierin** läßt er für sich das Wort führen, und der geistigen Verwandtschaft, welche er zwischen beiden Frauen findet, giebt er Ausdruck, indem er nach der Sitte Römischer Liebesdichter den wirklichen Namen seiner Herrin Clodia mit dem auf die Heimath ihrer Freundin deutenden **Lesbia** vertauscht. Durch die Wahl griechischer Namen entrückte man das Verhältniß, insofern es der Poesie angehörte, der alltäglichen

Wirklichkeit und sicherte sich die Freiheit dichterischer Gestaltung; indem man aber zugleich seltene, auffallende und persönlich beziehungsvolle, natürlich schmeichelhafte Namen von gleichem Sylbenmaaß wählte, an deren Stelle also unbeschadet des Verses der wirkliche gesetzt werden konnte, gab man der Maske diejenige Durchsichtigkeit, welche den Eingeweihten keinen Zweifel über die wahre Adresse solcher Bekenntnisse lassen konnte. [24] Zum erstenmal las nun Lesbia (denn unter diesem Namen ist sie unsterblich geworden) die majestätisch wogenden Klänge des Sapphischen Maaßes in lateinischer Sprache (c. 51), und nur noch ein zweitesmal (wir werden sehen, in welchem Zusammenhange mit diesem ersten Versuch) hat Catull es gebraucht:

Selig wie ein himmlischer Gott erscheint mir,
Wärs erlaubt, noch über den Göttern selig,
Wer vor dir hinsitzend dich immer, immer
    Schauet und anhört,

Wie so süß du lachst, was um alle Sinne
Jählings bringt mich Armen; ja, wenn ein Blick nur
Dir begegnet, Lesbia, stockt der Athem
    Tief in der Brust mir,

Und die Zung' erlahmt, mein Gebein durchrieselt
Abwärts flüchtges Feuer, von eignem Klange
Gellt der Ohren Paar, und es deckt die Augen
    Nächtiges Dunkel.

Still, Catullus: Muße bekommt dir übel,
Muße macht dich üppig und gar begehrlich.
Muße wars, die Könige hat gestürzt wie
    Blühende Städte.

Den rieselnden Schweiß, Zittern, Blässe und Todes=
angst, und endlich den männlichen Entschluß Alles an den
Besitz zu wagen, womit die Ode der Sappho schließt, über=
läßt der noch schüchterne Anbeter seiner Lesbia zur Ergän=
zung: er bricht das Werk des gefährlichen Müssigganges
plötzlich ab und scheint mit trübem Humor seine Gedanken
und Wünsche zur Ordnung zu verweisen. 25)

Das Billetdour hat seine Wirkung nicht verfehlt.
Um aber nun das Glück des Erhörten zu theilen, müssen
wir freilich vergessen, daß es auf Kosten fremder Rechte er=
obert oder geraubt werden mußte, ja daß, als Metellus
nach 2 Jahren (695/59) in bester Manneskraft plötzlich
starb, wenigstens der schreckliche Verdacht auf die untreue
Gattin fallen konnte, sie habe, eine Römische Clytämnestra,
(denn so wurde sie öffentlich geschmäht: Quintilian VIII 6,
53) den Unbequemen mit Gift aus dem Wege geräumt
oder wenigstens ihrem Bruder dabei durch die Finger ge=
sehen (Cicero pro Caelio 59 f.). Wir dürfen annehmen, daß
dergleichen finstere Gerüchte von zurückgesetzten Günstlingen
und deren Advocaten verbreitet und gehässig ausgebeutet
sind: auf Catull selbst hat nie Jemand gewagt, auch nur
den Schein einer bewußten Mitschuld zu werfen. Im Uebri=
gen die schwere Verirrung seines sonst reinen Herzens zu
rechtfertigen wird man eben so wenig unternehmen: aber
gesühnt hat er den Frevel durch den bittersten Lohn, den
echte Liebe und Treue erfahren können.

Bald genug verrieth ihm seine Kenntniß des weib=
lichen Charakters, daß seine Neigung erwidert wurde. Die

zornigen Scheltworte, in denen Lesbia unaufhörlich auf den zudringlichen Menschen zu sprechen kommt (83), beweisen ihm, daß er Eindruck auf sie gemacht hat (92): stellt doch auch er zuerst vor dem eigenen Gewissen, dann wenigstens vor der Welt gar eifrig die rasende Flamme in Abrede, die ihn innerlich verzehrt. Bald werden die Beziehungen freundlicher: der berühmte Lieblings-Sperling wird nun zum gemeinsamen Vertrauten; wie gern wäre Catull an seiner Stelle! (2) Und als der kleine Favorit stirbt, ist natürlich sein seufzender Rival mit einem Beileidsgedicht zur Hand, das den lugubren Ton eines feierlichen Grabgesanges gar zierlich parodirend, doch eigentlich nur eine Bewerbung um den vacanten Platz ist (3):

> Weint, Göttinnen der Lieb' und Liebesgötter,
> Und was Liebliches lebt auf Erden, weine!
> Ach, todt ist er, der Sperling meines Schätzchens,
> Todt der Sperling, die Freude meines Schätzchens,
> Den sie zärtlicher liebt' als ihre Augen.
> Denn so herzig wie Honig war er, kannte
> Seine Herrschaft so wie ein Kind die Mutter
> Und er rührte sich nie von ihrem Schooße,
> Sondern hüpfend im Kreise hier- und dorther,
> Immer sah er die Herrin an und piepte.
> Und nun wandelt er jenen düsterlichen
> Weg, den, sagen sie, keiner noch zurückkam.
> Aber Weh auf dich, du vermaledeiter
> Orcusschlund, der hinabschlingt alles Hübsche:
> Solchen hübschen Sperling mir fortzustehlen!
> O des bösen Frevels! o armer Sperling!

> Deinetwegen nun röthen meines Schätzchens
> Dickgeschwollene Aeuglein sich von Thränen.

Endlich sind die Schranken gefallen. Wie den Schiffern, die auf hoher See von schwarzem Wirbelwind umgetrieben werden, linder Fahrwind von den Dioskuren zur Rettung gesandt wird, so erschien dem mit den Wogen sturmvoller Liebe Kämpfenden ein hülfreicher Freund, Allius (68 ᵇ, 67 ff.):

> Er wars, der das umschloßene Feld zu erweiterten Schranken
> Oeffnend ein Haus uns gab, gab uns die Herrin darin.

— — — — — — —

> Wo sie den schwebenden Tritt, meine Vergötterte, dann
> Hintrug, trat in die Thür, stand auf der geglätteten Schwelle,
> Sacht an den leuchtenden Fuß knisternde Sohle geschmiegt,
> Wie ehmals hochglühend von Amors flammenden Pfeilen
> Protesilaus' Haus Laodamia betrat.

(Dazu 143—147.) Und nun ertönen Freudenlieder: schwelgerisch, unersättlich, siegesgewiß, die Welt vergessend (5):

> Laß uns leben, Geliebte, laß uns lieben!
> All das grämliche Munkeln abgelebter
> Weisheit müsse dir keinen Deut bedeuten.
>
> Sonnen können vergehn und wieder kommen,
> Doch wenn unser geringes Lichtlein einmal
> Sinkt, dann schlafen wir eine Nacht für ewig.
>
> Liebste, küsse mich tausendmal und hundert,
> Dann ein anderes tausendmal und hundert,
> Und so immer ein tausendmal und hundert.
>
> Dann, wenn's viele von tausend sind, verwischen

Wir die Summe, damit wir's nicht mehr wissen
Und kein Neidischer unser Glück verderbe. [26])

Mögen die Götter nur diesem Glücke Dauer und der Geliebten Kraft zur Treue verleihen (109)! Aber nur zu bald muß der Schwärmende gewahr werden, daß auch ihm nicht der Alleinbesitz gesichert sei. Während er in Verona, ganz versenkt in den Schmerz über ein trauriges Familien= ereigniß, den unerwarteten Tod seines Bruders, weilt, er= fährt er bereits durch einen Brief des schnell verwittweten Manlius [27]), daß die einsame Freundin sich für die Trennung schadlos zu halten wisse (68ᵃ, 26 ff). Er muß sich schon trösten, wenn ihm seine Juno (68ᵇ, 138) nur den besten Tag gönnt, den sie als Festtag in ihrem Kalender bezeich= net (68ᵇ, 147): ihre Schwüre (nach dem Tode des Mannes), ihm allein die Hand reichen, ihn selbst Jupiters Werbungen vorziehen zu wollen, schreibt er schon ungläubig in Wind und reißendes Wasser (70). Er muß erleben, daß zwei seiner eigenen Landsleute und Freunde ihm rauben, was ihm theurer als die Augen ist. Wir lesen rührendsanfte Bitten (82 an den Veroneser Quintius: vgl. 100), dann schmerz= liche Vorwürfe (77), die mit der bitteren Drohung an einen der Räuber, den nahe befreundeten Caelius Rufus, schließen:

Aber nicht straflos geh es dir hin: nein, ewige Zeiten
Sollen dich kennen, dein Ruf leben in grauem Gerücht
(vgl. 69).

Gegen einen dritten, elenderen Nebenbuhler bricht der Grimm schon in herben Schmähungen los (40), und die Drohungen werden erfüllt in schonungslosen Invectiven gegen Einzelne wie gegen Alle, die freilich bei der Nachwelt mehr

dem Dichter als jenen Erbärmlichen, an deren Ruf ohnehin
nicht viel zu verderben war, geschadet haben.

Auch die treulose Freundin bleibt nicht mehr von
scharfen Jambenpfeilen verschont, und endlich kommt der
Getäuschte zu dem schweren Entschluß, ihr den Scheidebrief
zu schreiben; aber der Umschlag des Rhythmus am Schluß
jedes Verses verräth uns ebenso wie der wehmüthig-innige
Ton den harten Kampf streitender Gefühle (8):

Hör' auf, Catullus, deinem Wahn zu liebkosen,
Und was verloren, laß verloren sein endlich.

Dir glänzten ehmals sonnenhelle Glückstage,
Als du noch eiltest, wo das Mädchen hinlockte,
Die wir geliebt, wie keine noch geliebt worden.

Da ging es hoch her, war's ein Schwelgen, gar lustig,
Wie dir es lieb war und dem Mädchen nicht unlieb:
Da glänzten wahrlich sonnenhelle Glückstage.

Jetzt will sie nicht mehr: nun so bleib' auch du ferne,
Verfolge nicht die flieht und schmachte nicht länger.
Halt' aus, mit starrem Sinne trag' es, steh' feste!

Fahr hin, o Mädchen: ja Catullus steht feste.
Nie kommt er wieder, giebt dir nie ein gut Wörtchen.
Doch fühlen sollst du's, wenn dir keiner mehr nachfragt.

Ja, Sündrin, weh' dir: welch ein Leben harrt deiner?
Wer wird dich suchen? wer wie sonst dich schön finden?
Wen willst du lieben? wessen Herzblatt nun heißen?
Wen wirst du küssen? wem die Lippe wund beißen?
Doch du, Catullus, halt' es aus und steh' feste!

Wie gern würde er widerrufen, wie leicht sich wiederum erweichen lassen! Und wirklich noch einmal wird das Herz der Lesbia gerührt. Reuig kehrt sie an Catulls Brust zurück, der überglücklich sie mit offenen Armen empfängt (107); und das Versöhnungsfest wird begangen mit einem seltsamen Brandopfer. Lesbia nämlich, der der Humor nicht ausgegangen war, hatte der Venus und dem Cupido gelobt, die Wiederkehr des erzürnten Dichters mit einem ihm wohlgefälligen Autodafé poetischer Maculatur zu feiern, und so wird denn die voluminöse Verschronik eines Tanusius Geminus dem Feuergotte geweiht und die Königin von Knidus, Amathus, Golgoi und Idalion ehrerbietig eingeladen, diese Erfüllung des Gelübdes huldvoll zu genehmigen (36). Auch seine eigenen grimmigen Iamben aus der Zeit des ersten Zerwürfnisses hat der Dichter wohl, soweit sie Lesbia persönlich betrafen, unterdrückt, schnell und rückhaltslos im Zürnen und Vergeben, wie er war (vgl. 104).

Aber nur zu bald sollte sein Vertrauen abermals enttäuscht werden: wiederum fiel Lesbia von ihm ab, daß auch der nachsichtigsten Schwäche eines Liebeverblendeten nichts übrig blieb als sich mit Verachtung abzuwenden. Haß und Liebe (85), die Kälte sittlicher Entfremdung und die verzehrende Gluth unverwüstlicher Leidenschaft kämpfen einen merkwürdigen, harten Kampf mit einander (72. 87 + 75). Indessen das Bewußtsein reinster Treue und inniger, durch Wort und That bewiesener Gesinnung hat der tief Verwundete doch für sich gerettet. Nur Erlösung noch von jener grimmigen Krankheit hat er von den Göttern zu erflehen (76).

Um diese Heilung durchzusetzen und sich allen weiteren Versuchungen zu entziehen, verließ Catull im Frühling 697/57, etwa im 4ten Jahr seiner Bekanntschaft mit Lesbia, die Stadt und schloß sich dem Gefolge des Prätors Memmius Gemellus an, dem die Verwaltung der Provinz Bithynien zugefallen war. Selbst für Literatur, besonders griechische, schwärmend, Dilettant in galanten Versen der bezeichneten Manier, ein gewandter, aber denkfauler Wortdrechsler auch auf dem Forum, hielt er etwas auf den Umgang mit literarischen Celebritäten, und wie er als guter Epicureer sich von Lucrez die Dedication des herrlichen Gedichtes von der Natur der Dinge gefallen ließ, so versorgte er sich auch für die Langeweile des Provincial- und Lagerlebens mit poetischer Gesellschaft [28] Es war gewöhnlich, daß der Statthalter theils als vertraulichen Beirath und Beistand in amtlichen Dingen, theils zum Zeitvertreib bei Tafel und in sonstigen Mußestunden einen nicht zu engen Kreis befreundeter junger Männer zur Begleitung in die Provinz einlud; ihre Erhaltung und Entschädigung nahm er auf den sehr bedeutenden Credit, der ihm zu seiner Ausrüstung vom Staate bewilligt wurde. Da nun von seinem reich besetzten Tisch in Sporteln und freiwilligen Ehrengaben fette Bissen für die sogenannte Cohorte abzufallen pflegten, wenn der Prätor nicht etwa ein Cato war, so wurde solchen Einladungen gern Folge geleistet. Leider war Bithynien schon an sich eine arme Provinz und Memmius zwar kein Cato, aber ein mißgünstiger zäher Geizhals (wenn wir den freilich etwas rachsüchtigen Versicherungen Catulls glauben dürfen: 10, 12 ff. 28, 9 ff.), der keinem seiner Begleiter eine Gelegenheit zu einem guten Geschäftchen gönnte, daß „er sein Haupt etwas gesalbter hätte heimtragen können" (10, 11). Hatte unser Freund nun auch sonst an dem Umgange mit seinem ziemlich wüsten und unmanierlichen Prätor wenig Freude, so verlebte er doch mit den übrigen Genossen, unter denen sein alter Freund Helvius Cinna sich befand (10, 30), manche trauliche Stunde (46, 9). Von Lesbia's immer verächtlicherem Treiben mag ihm durch Dritte Kunde gekommen sein (58?): auch Cicero fand Gelegenheit (698/56), als Vertheidiger eines ihrer ehemaligen Anbeter, des Caelius Rufus, gegen den sie mit ihrem Bruder einen Criminalproceß angestiftet hatte, den üblen Ruf der „Viergroschendame"[29] in seiner ätzenden Weise zu verarbeiten.

Endlich bringt der nächste Frühling (698/56) die ersehnte Zeit der Rückkehr (46):

Schon bringt mildere Luft der Frühling wieder,
Schon ermattet des winternächt'gen Himmels
Wuth, vor Zephyrus' holdem Hauch verstummend.
Laß die Phryger Gefilde denn, Catullus,
Laß im brütenden Dunst Nicäas Aecker:
Auf! gen Asia's schöne Städte ruft es.
Schon voraus in die Weite schwärmt der Geist mir,
Schon hebt fröhliche Wanderlust die Füße.
Lebt denn wohl, der Genossen süße Kreise:
Weit von Hause zusammen mitgewandert
Tragen trennende Pfade nun uns heimwärts.

Catull seinerseits bestieg eine eigne kleine Yacht, (eine „Bohne" nach dem damaligen Kunstausdruck), aus Pontischem Schiffsholz gezimmert, die ihn auf glücklicher Fahrt durch die

Propontis in den Hellespont zunächst an die Troische Küste zum Vorgebirge Rhöteum führte. Hier landete er vorläufig, um eine ernste Pflicht, ein tiefes Herzensbedürfniß zu er= füllen. Hier war das Grab seines Bruders, der vor etwa 4 Jahren auf einer Reise, wir wissen nicht unter welchen Umständen, im Meere oder an der Küste umgekommen war. Wer sich beleidigt fühlen möchte durch manchen herben, wilden Ton in der Polemik des Dichters, durch die un= heimliche Schwüle in dem Verhältniß zur Lesbia, wird sich an den innigen, reinen Klängen erbauen, in denen wieder= holt der Tod des geliebten Bruders beklagt wird. Das Leben in Rom, alle Freude, auch seine poetischen Spiele= reien waren ihm damals verleidet: er hatte sich, von wenig Büchern begleitet, für einige Zeit nach Verona zurückgezogen (68) und in den heimathlichen Umgebungen, im eifrigen Studium des Kallimachus, und in eignen Nachbildungen jener Alexandrinischen Elegie sein Gemüth zu sammeln gesucht (65. 66. 68 68$_b$). Aber die Klagen über den erlittenen Verlust, über den Bruder, mit dem zugleich das ganze Haus begraben sei, die Verwünschungen gegen Troja, das gemeinsame Grab Asiens und Europa's, den schnöden Aschen= haufen so vieler Männer und Männertugenden, brechen auch bei leiser Berührung der Wunde wie unwillkührlich hervor. Nun stand er auf dem Grabe des Vielbeweinten, um ihm die Todtenspende zu bringen:

> Weit her über das Land und weit über Meere getragen
>   Komm ich zur Stätte nunmehr, Bruder, der traurigen
>   Pflicht,
> Daß ich die letzte der Gaben dir bringe, die Gabe des Todes,

Und ein vergebliches Wort sage dem schweigenden Staub,
 Da das Geschick mir ja dich selbst auf immer entrissen,
  Wehe, so schnöde hinweg, Bruder, mir Armem geraubt!
Nimmermehr red' ich zu dir, nie lausch' ich deinem Gespräche,
 Soll, mein Bruder, hinfort, Herzensgeliebtester, nie
Dir in das Antlitz schaun? Doch ewig will ich dich lieben,
 Ewigen Klagegesang deinem Gedächtnisse weihn,
Wie in des Schattengezweigs Dickicht mit flötender Klage
 Ihres Itylos Tod stets Philomele besingt.
Aber inzwischen den Brauch, den in altehrwürdiger Vorzeit,
 Traurigen Ehrenerweis, unsere Väter ersahn,
Nimm dies, reichlich genetzt von Bruderthränen, und ewig,
 Ewig gehabe dich wohl, Bruder, und sei mir gegrüßt.³⁰)

Die weitere Rückreise führte auf einem Abstecher an den glänzenden Cycladen vorüber nach Rhodus, dem Vaterlande des von der Catullischen Schule hochgeschätzten Dichters Apollonius, damals durch philosophische und rhetorische Studien interessant. Endlich segelte die Yacht wohlbehalten um die Südspitze des Peloponneses herum, das Ionische und Adriatische Meer hinauf, und durch einen Canal, der Etsch und Mincio zwischen Verona und Valleggio verbunden zu haben scheint, jetzt freilich bis auf geringe Spuren verschwunden ist ³¹) in den blauen Gardasee, um unmittelbar an der Villa ihres Herrn auf Sirmio zu landen. Dieser aber weiht den Dioskuren, die als Schifferpatrone seine Fahrt so gnädig beschützt haben, das treue Fahrzeug und feiert in schlanken Jamben, die mit der Schnelligkeit desselben wetteifern, das bestandene Probestück (4). In behaglicheren

Rhythmen, die uns die Ruhe des Reisemüden mitgenießen
laſſen, begrüßt er seinen trauten Heimathsſitz (31):

> Von allen Inseln, Sirmio, und Halbinseln,
> Soviel in klaren Seeen oder Meerweite
> Neptunus beiderseitig trägt, du Blauauge,
> Wie gern beſuch' ich, wie frohlockend dich wieder!
> Kaum glaub' ich mir's, daß Thyner Feld und Bithyner
> Ich ließ und nun im ſichren Hafen dich ſehe.
> O was ist ſel'ger als der Sorgen los werden!
> Wie fällt die Laſt vom Herzen, wenn wir todtmüde
> Aus fremdem Lande ein am eignen Heerd kehren
> Und dann behaglich im erſehnten Bett ausruhn!
> Das iſt der Lohn in Summa für ſo viel Arbeit.
> Heil dir, mein trautes Sirmio, ſag dem Herrn Willkomm,
> Willkommen ihr auch, meine muntren Seewellen:
> Und lacht, ſoviel Gelächter ihr daheim auftreibt.

In diesem herrlichen Aſyl mag unſer Dichter eine wahrhaft
gemüthliche Erholungszeit zugebracht haben, der es an Ab=
wechſelung durch Ausflüge nach Verona, Brescia, Como
(der neu 695/59 von Cäsar gegründeten Colonie), an poetiſcher
Anregung und luſtigen Zuſammenkünften mit guten Freun=
den, die durch neckende Elfſylbeler aus zärtlichen Armen her=
aus vom Comersee bis nach Verona citirt werden (35),
aber auch an pikanten Stadt= und Landgeschichten und
Abenteuern nicht fehlte. Und Catull war nicht ſäumig, Alles,
beſonders auch den zuletzt genannten Stoff, künſtleriſch zu
verarbeiten. Solch muthwilliger Laune verdanken wir zwei
zierliche Proben einer chronique scandaleuse: die eine
uns weniger zugängliche gehört nach Brescia (67); in der

anderen (17) werden zwei brennende Tagesfragen combinirt, welche die ehrsame Bürgerschaft eines Filialörtleins der Vero=
neser Stadtgemeinde, Colonia (Cologna), grade lebhaft be=
schäftigt zu haben scheint: nämlich das tief gefühlte und gewiß ebenso gründlich verhandelte Bedürfniß nach einer Brücke über ein stagnirendes Gewässer, und das gefährliche Phlegma eines jungverheiratheten, bejahrten Ehemannes, zu dessen jäher Auferweckung die wackligen Balken des alten Steges den letzten und besten Dienst leisten sollen:

Ob der träumige Narr vielleicht plötzlich wäre zu wecken,
Und im zähen Morast einmal hängen ließe das Phlegma,
Wie im Schlamme den Eisenschuh sitzen läßet ein Esel.

So schlänkern und tänzeln die Verse wie ein übermüthiger Pulcinell.

Leider waren die Neuigkeiten, die den Heimkehrenden in Rom selbst erwarteten, nicht geeignet, ihn bei dieser harmlosen Laune zu erhalten. Zwar der mit „Spinnweben gefüllte Beutel", den er aus Bithynien mitbrachte, diente mehr zum Spaß als zum Verdruß. Er läßt es sich des=
halb nicht nehmen, einen Freund zum Diner einzuladen, bei dem es hoch hergehen solle, wenn derselbe nur eine reich=
liche gute Mahlzeit mitbringe und Wein und gute Laune, nicht zu vergessen ein hübsches Mädchen. Diese kleinen Zu=
thaten zu einer herrlich duftenden Salbe, die der splendide Wirth zu bieten hat, scheinen doch wünschenswerth für den Fall, daß die Götter versagen sollten, was Fabullus, wenn er sie riecht, gewiß wünschen wird: nämlich daß sie ihn ganz zur Nase machen (13)

Und so rächt er sich und seine Leidensgefährten in

manchem lustigen Schwank (10), freilich auch in beißenden Ausfällen (28. 47) an seinem Prätor.

Aber tiefer in die alten Herzenswunden mußte es ihm gehen, wie er nun an Ort und Stelle sich überzeugen mußte, in welchen Abgrund seine Lesbia, die er allein mehr als sich und alle die Seinigen geliebt zu haben selbst jetzt noch bekennt (58), gesunken war. Jetzt scheint er die noch in ihren Händen befindlichen Gedichte an sie zurückgefordert zu haben: sie weigert sich, unter frivolen Späßen an die alte Vertraulichkeit erinnernd. Da entbietet der Dichter sein ganzes furchtbares Heer von Schmähversen (42), läßt die Schnöde auf offener Straße umzingeln und sein Gut reclamiren, und als die bitterste Wahrheit nicht verfangen will, braucht er das letzte Mittel:

Nein, so schaffen wir nichts, es rührt sie gar nichts.
Aendern müßt ihr den Ton und euer Sprüchlein,
Ob ihr besser vielleicht zum Ziele kommet:
„Reine, Tugendbelobte, gieb die Heftlein!"

Trotzdem scheint sie nochmals Schritte zur Versöhnung gethan zu haben. Zwei elende Subjecte (vgl. 15. 21. — 23. 24. — 26. 81), verkommene Kriecher und Hungerleider, die in beßeren Zeiten zu ihrem Troß gehört, da sie aber abgesetzt waren, Catulls glühende Liebeslieder einer zimperlichen Kritik, die ihnen wenig anstand, unterworfen hatten (16), übrigens ihm auch sonst in Liebesangelegenheiten über den Weg gelaufen waren (24. 81), wurden nun vorgeschoben, um dem ehemaligen Geliebten neue Anträge zu übermitteln. Ohne Eindruck blieben sie nicht, das beweist die Form seiner Antwort. Er wählte zum Beschluß des Verhältnisses wieder das Sapphische Versmaaß, womit er es einst eingeleitet hatte (vielleicht hatte auch Lesbia mit einer Sapphischen Ode den Sturm auf sein Herz unterstützt): in parodirendem Pathos preist er zuerst die Anhänglichkeit des edlen Botschafterpaares, um ihm hiernach den schnödesten Abschied an die ehemals Geliebte aufzutragen. Aber es wurde ihm schwer; er schließt (11):

> Nicht wie sonst nachblicke sie meiner Liebe,
> Welche starb durch sie, wie am Wiesenrand ein
> Veilchen hinsinkt, das im Vorüberstreifen
>   Knickte die Pflugschaar. [32])

Die Liebe Catulls war geknickt und zertreten: und noch ein **anderes Kleinod**, an dem seine Seele hing, war fast schon verloren, — **die republicanische Verfassung**. In dem Congreß zu Luca im April 698/56 war in der Uebereinkunft der Triumvirn das Todesurtheil des Gemeinwesens unterschrieben. Sie theilten unter sich die Beute, und eine hungrige Meute von Stellenjägern wedelte um sie herum. In Rom die Senatspartei eingeschüchtert, die Faust in der Tasche ballend, dennoch zu unterwürfigen Diensten bei der Hand, Cicero leider an der Spitze: eine winzige Minorität, von dem Idealisten Cato geführt, erschöpfte sich in ehrenwerthen, aber ohnmächtigen Versuchen, das stürzende Verfassungsgebäude zu halten. Die letzte Zuflucht noch fand die Freiheit vor Gericht (trotz des von Pompejus erhöhten Geschworenencensus) und in der Literatur: in öffentlichen Anklagereden freilich nur gegen untergeordnete Werkzeuge der Machthaber, eines Vatinius und Gabinius, und in beißenden Schmähschriften, besonders

Versen, ergoß sich die Galle namentlich der jüngeren, noch
unabhängigen Generation. Auf beiden Gebieten war Calvus
unter den Vordersten. Gegen Vatinius, dessen Wahl zum
Prätor (699/55) durch Bestechung und offene Gewalt
gegen den streng gesetzlichen Gegencandidaten Cato durchgesetzt
war, trat (700/54 im August) Calvus in einem berühmten
Proceß wegen Wahlumtrieben auf: leider gab sich Cicero
auf Cäsars Wunsch allzu bußfertig zum Vertheidiger des=
selben Menschen her, dessen Nichtswürdigkeit er noch zwei
Jahre vorher in öffentlicher Rede, nicht ohne Seitenhiebe
auf dessen mächtigen Beschützer, gegeißelt hatte. Schon
früher, in ganz jungen Jahren, war Calvus einmal als
Ankläger gegen den verhaßten Miethling aufgetreten und
hatte seitdem sein Treiben nicht aus den Augen verloren:
diesmal setzte er ihm und den übrigen Verfassungsdurch=
löcherern mit aller Energie gesinnungstreuer Entrüstung zu.
In kräftigem Klimax klagt er: „nicht nur für Gelderpres=
sungen, sondern auch für Hochverrath, nicht nur für Hoch=
verrath, sondern auch für öffentlichen Friedensbruch, nicht
nur für Friedensbruch, sondern auch für Wahlumtriebe,
nicht nur für Wahlumtriebe, sondern für die Verletzung
aller Gesetze sind alle Gerichtshöfe ruinirt." Er führt den
Richtern zu Gemüth, daß sie nicht, ohne über sich selber
den Stab zu brechen, ein so notorisches Verbrechen unge=
straft lassen können: „ihr wißt, daß Wahlumtriebe vorge=
fallen sind, und daß ihr es wißt, wissen Alle." Mitten in
der Verhandlung sprang der schwer Bedrängte von der
Anklagebank auf und rief: „ich bitte euch, ihr Richter, wenn
der da beredt ist, muß ich deshalb verurtheilt werden?"

Und als er sich mit einem feinen Tuche stutzerhaft den Angstschweiß von der Stirn wischte, donnerte ihm der Redner entgegen: "ja reibe nur deine schamlose Stirn und behaupte mit ihr, du seiest würdiger für die Prätur als Cato." Trotz alledem freilich wurde Vatinius freigesprochen. [33])

Als poetische Bogenschützen entsendeten ihre Jambenpfeile neben ihm besonders der boshaftwitzige **Furius Bibaculus** aus Cremona, und schärfer als alle **Catullus**. [34])

> Eben nicht zu sehr schmacht' ich nach deiner Gnade,
> mein saubrer
> Cäsar: es kümmert mich nicht, bist du mir weiß
> oder schwarz (93).

So eröffnet er seinen Krieg, in einer Form, die der friedliche Professor der Beredsamkeit, Quintilianus, über 100 Jahre später unter Domitian, als klaren Wahnsinn zu bezeichnen nicht umhin kann (XI 1, 38). Der "einzige Imperator" (c. 29, 11. p. 27 6 L. = 44^h, 4), dessen beträchtliche Jugendsünden seine ehemaligen poetischen Bundesbrüder wohl zum Theil in nächster Nähe mit angesehen hatten, dessen sittlicher Ruf auch jetzt noch mehr als bedenklich war, wird bis nach Gallien und Britannien hin verfolgt, in eigener Person und noch vernichtender in den elenden Günstlingen, die durch das zärtliche Einverständniß des Schwiegervaters mit seinem großen Eidam (Pompejus) auf den curulischen Stuhl erhoben, mit der Beute vom Pontus, dem Golde des Tajo bereichert, in Rom wie in der Provinz die großen Herren spielen, die geraubten Millionen verprassen und, was ihnen am wenigsten zu vergeben ist, als girrende Adonisse ehrlichen Leuten selbst das schöne

Geschlecht abwendig machen [29]). Das Hauptziel grimmigsten Spottes war der Ritter Mamurra, der unter Cäsar in Gallien diente und, durch seine Gunst zu colossalen Reichthümern gelangt, eben so colossal verschwendete, „der Bankerottirer aus Formiae", wie ihn Catull nennt (41, 4), der eben auf dem Cälischen Hügel in Rom sich einen Pallast mit marmorbekleideten Wänden und lauter massiven Marmorsäulen bauen ließ — ein bisher unerhörter Luxus (Plinius n. h. XXXVI 6, 48). Er muß es entgelten, daß er sich auch einfallen läßt, mit eigenen Versen den Helicon erklimmen zu wollen: „mit Heugabeln den Wicht stoßen die Musen hinab" (105). Wenn nun vollends in einem Ton, wie ihn höchstens Victor Hugo gegen Napoleon le petit riskiren würde, die holde Eintracht des Cäsar und Mamurra erörtert und höhnend geschildert wird, wie das durchaus ebenbürtige Paar im Lager belletristischem Zeitvertreib auf einem Lotterbett obliegt (57), so hatte Cäsar wohl Grund zu dem Bekenntniß, daß ihm durch die Verse Catulls unvergängliche Brandmale aufgedrückt seien (Sueton Cäs. 73). Durch Processe, polizeiliche Maßregelungen oder gewaltsame Rache dem verwegenen Feind noch den Nimbus eines Märtyrers der populären Sache zu geben, wäre eine Thorheit gewesen, deren jener wahrhaft „einzige Imperator" unfähig war. Während er die sachlichen Angriffe der oppositionellen Literatur ebenfalls mit der Feder zu widerlegen bemüht war, benutzte er mit seltener Großmuth oder Klugheit jede Gelegenheit, persönliche Versöhnung auch mit den heftigsten seiner Gegner herbeizuführen.

Mit Catulls Vater in Verona oder Sirmio stand er

in alter gaſtfreundlicher Beziehung: er brach ſie nicht ab; und als er im Winter 700/54 das dieſſeitige Gallien be= reiſte, kam es zu einer Verſöhnung zwiſchen ihm und dem Sohn. Der Alte ſcheint ſich in's Mittel gelegt zu haben, daß der junge Heißſporn, wohl vorzugsweiſe aus Pietäts= rückſichten, Satisfaction gab, und Cäſar beſiegelte den Frie= den in liebenswürdigſter Weiſe, indem er noch an demſelben Tage den grimmigen Republicaner zu Tiſche lud. (Sueton a. a. O.) Auch Calvus bequemte ſich, kurz vor oder nachher, durch Freunde, vielleicht durch Catull ſelber, unter der Hand eine Verſtändigung nachzuſuchen: ihm bot Cäſar freiwillig und zuerſt in einem Schreiben die Friedenshand. Nur Furius Bibaculus blieb hartnäckig: er übertrug ſeinen politiſchen Groll auch auf Auguſtus, ohne daß indeſſen ihm oder ſei= nen Epigrammen ein Leid geſchehen wäre (Tacitus ann. IV 34). Ob Mamurra auch in den Friedensvertrag einge= ſchloſſen war, läßt ſich bezweifeln: es liegt eine Anzahl von Spottverſen vor (94. 105. 114. 115. vgl. 29, 13), die unter ſehr durchſichtiger Namenverkleidung, aber ohne poli= tiſche Invective ein Subject verhöhnen, das in allen Stücken mit dem Formianer identiſch iſt. Es wird mit Grund ver= muthet, daß eben dieſe ſcheinbare, nichts weniger als ſcho= nende Umwandlung der Adreſſe eine Conceſſion an Cäſar geweſen iſt.

Aber die Tage des 33jährigen Poeten, deſſen Talent die Anregung durch Cäſar vielleicht in ganz neue Bahnen geführt hätte, waren gezählt. Lebensſattigkeit und vielleicht eine Todesahnung athmet ſchon aus den Zeilen (c. 52), die kurz vor der Ausſöhnung mit Cäſar geſchrieben ſein können [35]:

Wie nun, Catullus? zögerst du in's Grab zu gehn?
Sitzt doch im Prätorstuhle Kielkropf Nonius,
Meineid bei sich dem Consul schwört Vatinius —
Und nun, Catullus? zögerst du in's Grab zu gehn?

Nicht lange nachher muß er gestorben sein. Neuere Allwisserei hat ihm Schwindsucht angedichtet, weil ihm jene Sestianische Rede einmal Husten gemacht hat und er ein anderesmal einem Freunde klagt, es gehe ihm von Tag zu Tage und Stunde zu Stunde schlechter (38). Ihn überlebte nicht lange sein Freund Calvus: beide Freunde blieben auch in Augusteischer Zeit Lieblinge des Publicums (Horaz serm. I. 10, 13), und giebt es ein Elysium, so hat Ovid (am. III 9, 61) wohl Recht, beide vereint auch dort wandeln zu lassen, die jugendliche Schläfe mit dem Dichterepheu bekränzt

Anmerkungen.

¹) Ueber die handschriftliche Ueberlieferung s. Naeke opusc. I 150 ff. Haupt quaestiones Catullianae p. 2—9. Th. Heyse im Anhang zu seiner Uebersetzung S. 278 ff. Boehme quaestiones Catullianae. (Bonnae 1862.) Benvenuto ist gestorben vor dem Jahr 1330, aus der von ihm besungenen Urhandschrift citirt (nicht vor 1350) Wilhelm von Pastrengo, der Freund Petrarca's, in dessen Bibliothek sich ein Exemplar des Properz und des Catull befand, wie Haupt (Berichte der Leipz. Gesellsch. 1849, S. 256 ff.) aus ungedruckten Briefen Petrarca's von 1374, seinem Todesjahre, nachgewiesen hat.

²) Catull's Buch der Lieder in deutscher Nachbildung von Theodor Heyse. Berlin, W. Hertz. 1855 (mit gegenüberstehendem lateinischen Text). Ausführlicher hab' ich dieselbe besprochen im Literaturblatt von Paul Heyse (Beigabe zum deutschen Kunstblatt von Fr. Eggers), 9ter Jahrgang (1858), Aprilheft S. 49 ff.

³) Daß Caius, nicht Quintus der richtige Vorname ist, hat nach Scaliger ausführlich auseinandergesetzt L. Schwabe in seinem verdienstlichen Buch: quaestionum Catullianarum liber I. p. 6—24 (G. Valeri Catulli liber. L. Schw. recognovit et enarravit. voluminis prioris pars prior. Gissae, apud L. Rickerum 1862). Ueberhaupt ist dasselbe in allen das Leben und die Zeit Catulls betreffenden Fragen zu vergleichen, und ich bekenne gern, vielfach in meiner Darstellung dadurch gefördert zu sein.

⁴) Nach Hieronymus ist Catull 667/87 geboren und 697/57 im 30sten Jahre zu Rom gestorben. Letzteres ist nachweislich falsch, weil er das zweite Consulat des Pompejus 699/55 (c. 113) und

den Proceß des Vatinius 700/54 im August (c. 53) erlebt hat. Daß man aber keineswegs genöthigt sei, weiter hinunterzugehen, hat zuerst Mommsen R. G. III. 313 bemerkt. Ob auch das Geburtsjahr um 3 Jahre später anzusetzen sei, muß dahingestellt bleiben

⁵) Beispiele bei Cicero de nat. deor. I 28 und Gellius XIX 9, vgl. Ovid trist. II 441. Plinius epist. V 3. Catull 16, 6 ff.

⁶) Dialogus de oratoribus 21. Suetonius Caes. 56 extr.

⁷) Furius Bibaculus bei Suetonius de gramm. 13.

⁸) Ueber die collegia poetarum s. O. Jahn Berichte der Sächs. Gesellschaft VIII 293 ff.

⁹) Festus v. scribas p. 333 M. Auch Catull hat einen solchen Hymnus auf die Diana geliefert, von Knaben- und Mädchenchören zu singen: 34.

¹⁰) Valerius Maximus III 7, 11.

¹¹) Cicero Brutus 95, 325 ff. 64, 228. 92, 317. Valerius Maximus VIII 10, 2. Quintilianus XI 3, 8.

¹²) Cicero Brutus 283 ff. orator 234 ff. de opt. gen. orat. 7 ff. ad Atticum II. 1 Quintilianus XII 10, 12 ff. dialogus de oratoribus 18.

¹³) Plutarch Cic. 9. Valerius Maximus IX 12, 7.

¹⁴) Schwabe nimmt das Gedicht sehr ernsthaft, obwohl er in der Erklärung des Anlasses schwankt. p. 127 glaubt er, Catull bedanke sich nach seiner Rückkehr aus Bithynien für die Schmähungen gegen Clodia, womit Cicero in der Vertheidigungsrede für Cälius Rufus auch ihm Genugthuung geschafft habe, und verurtheile durch das Prädicat pessimus omnium poeta, das er sich zuertheilt, alle seine Lesbialieder, soweit sie Gutes von der Geliebten sagen. Ich halte diese Erklärung für durchaus unpsychologisch, des Dichters unwürdig, und dem Ton des Gedichtes widersprechend. p. 322 wird eine zweite Vermuthung (non nemini magis quam quae supra proposita est fortasse placitura) vorgetragen, wonach der 22jährige Catull sich für die von Cicero 689/65 geführte Vertheidigung seines „Freundes" C. Cornelius gegen die Majestätsanklage des P. Cominius bedanken soll. Nun ist zwar die Identität des

in c. 108 verwünschten Cominius mit jenem Ankläger von Schwabe p. 318 f. sehr wahrscheinlich gemacht, aber schon die Datirung desselben Gedichtes für das Jahr 689/65 ist sehr bedenklich: denn wenn P. Cominius (nach Cicero's Brutus 78, 270) erst kurz vor (nuper) Abfassung des Brutus 708/46 gestorben ist, so kann er ja freilich 19 Jahre früher allenfalls schon ein Sechziger gewesen sein, aber ob dann Catull schon genügenden Grund gehabt hätte, von seinem Greisenalter mit solchem Accent (cana senectus) zu reden, bezweifle ich. Gewiß aber wird Charakter und Thätigkeit eines so verbißenen und verhaßten Menschen, wie jener Cominius gewesen sein mag, auch in späteren Jahren die Entrüstung unsres Dichters oft genug erregt haben. Ferner weiß kein Mensch etwas von einer Freundschaft zwischen jenem G. Cornelius und Catull. Schwabe schafft sich eine Art von Beleg dafür, indem er behauptet, c. 102 könne nicht auf Cornelius Nepos bezogen werden, als welcher eine viel zu große Respectsperson für Catull gewesen sei, als daß dieser ihm habe versichern dürfen, er werde sich als Harpocrates erweisen und ein ihm anvertrautes Geheimniß so gewissenhaft verschweigen, wie man es von einem treuen Freunde erwarten könne. Ich gestehe für diese Art von Delicatesse keinen Sinn zu haben. Trägt doch Schwabe p. 306 ff. selbst kein Bedenken (und mit Recht), den viel bedenklicheren Scherz c. 56 an Valerius Cato zu adressiren, der doch auch seine 10 bis 20 Jahre älter war als Catull. Aber wenn man auch zugiebt, daß Cornelius Nepos nicht grade nothwendig in jenen 4 Zeilen gemeint zu sein braucht, so folgt doch noch lange nicht, daß es dann der Angeklagte P. Cornelius sein muß, und ebensowenig alles Uebrige, was auf diesem schwanken Fundament aufgebaut wird. Ja, räumte man selbst ein, daß dies Alles wahrscheinlicher sei, als es wirklich ist, so müßte schließlich die petulante Bescheidenheit jenes Dankgedichtes, wenn es durchaus ernsthaft gemeint sein sollte, bei einem 22jährigen Jüngling doch bedenklich machen.

¹⁵) Cicero ad Quintum fratrem II 4.

¹⁶) Cicero ad fam. VII 31, welcher Brief freilich erst 703/51 geschrieben ist.

¹⁷) Cicero ad Atticum VII 17, 2.

¹⁸) qui tunc vocat me, cum malum librum legi nach Lachmann zu Lucrez p. 290 und Bergk: vgl. Schwabe p. 302 f.

¹⁹) Daß Catull's Name, wie Schwabe p. 296 mit Nipperdey vermuthet, auch in den chronica des Cornelius ehrenvolle Erwähnung gefunden habe, beweisen wenigstens die Worte c. 1, 3 ff nicht: namque tu solebas meas esse aliquid putare nugas scheint doch mehr auf ein öfters im Gespräch geäußertes Urtheil zu gehen, und die Zeitbestimmung iam tum cum ausus es u. s. w. mit der bewundernden Andeutung jenes großen historischen Werkes soll doch weiter Nichts, als den Abstand zwischen jenen poetischen Tändeleien und einer so ernsten, mühevollen Aufgabe hervorheben, die den gelehrten Forscher dennoch nicht abgehalten habe, dem schwachen Anfänger seine nachsichtige Aufmerksamkeit zu widmen. Uebrigens machen die Ausdrücke nugae c. 1, 4 und multa satis lusi 68a, 15 ff., womit Catull seine ersten dichterischen Versuche bezeichnet, nicht wahrscheinlich, daß dieselben von Nachahmungen Alexandrinischer Poesie ausgegangen sind: diese Gattung galt der damaligen Schule für die höhere und schwierigere, wie denn z. B. Varro Atacinus in seiner ersten Periode das bellum Sequanicum in Ennianischem Stil, und Satiren geschrieben zu haben scheint, und erst im 35sten Jahre (707/47), als Catull und Calvus längst todt waren, sich auf das Griechische warf, um den Apollonius von Rhodus und den Arat zu übersetzen und seine Cosmographia sowie endlich seine Liebeselegieen (Leucadia) zu schreiben (vgl. Merkel prolegg. ad Ovidii Ibin p. 361).

²⁰) Der zierliche, ganz der Situation sich anschmiegende Parallelismus dieser Verse liefert einen neuen Beitrag zu dem, was ich in dem Vortrage über „symmetrische Composition in der antiken Poesie" (N. Schweiz. Museum I 225 f. 239) angedeutet habe. Es entsprechen sich nämlich in gleichmäßigen Versgruppen die Liebesgelübde des Septimius und der Akme, nach beiden wiederholt sich wie ein Refrain das günstige Omen Amors; der zweite Theil betrachtet das Liebesglück des vereinigten Paares in den beiden äußeren Distichen, von den beiden inneren gehört das eine dem Septi-

mus allein, das andere ganz analoge der Akme. Das Schema also ist:

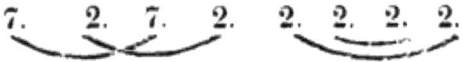

Auch in c. 8 markirt der Refrain die Gliederung: fulsere quondam und fulsere vere candidi tibi soles stehen der eine an der Spitze, der andere am Schluß einer dreizeiligen Gruppe (3—5. 6—8), im folgenden Paar (9—11. 12—14) ist die Ordnung der anklingenden Verse umgekehrt (11 sed obstinata mente perfer, obdura und 12 vale puella: iam Catullus obdurat).

21) Diese Charakteristik ist freilich zum Theil anticipirt aus der Rede Cicero's pro Caelio, die erst 698/56 gehalten ist, und manche Züge mögen auf die frühere Zeit noch weniger passen, obwohl ich die grellsten hier ausgelassen habe. Damit sind die Briefe ad Att. II 1. 9. 12. 14. 22. 23 und andere Stellen zu verbinden, die Schwabe p. 59 ff. gesammelt hat. Derselbe hat p. 53—134 zuletzt und am gründlichsten den Beweis geführt, daß sie die Catullische Lesbia war. Bezeugt ist der Namentausch bekanntlich von Appuleius apol. 10 p. 279. Am schlagendsten unter allen Indicien, die Catulls Gedichte selbst an die Hand geben, ist c. 79 (Lesbius est pulcher: quid ni? quem Lesbia malit c. q. s.) die Bezeichnung des P. Clodius Pulcher als Lesbius, in Verbindung mit dem, was wir aus Ciceronischen Reden und Briefen über das Verhältniß dieser edelen Geschwister wissen. Schwierigkeiten macht nur, was der Dichter 72, 3 f. von seinen Empfindungen für sie sagt: dilexi tum te non tantum ut volgus amicam, sed pater ut gnatos diligit et generos. Man muß bei diesem, für unser Gefühl auch sonst etwas auffallenden Vergleich jedenfalls vergessen, daß der väterliche Freund 7 Jahre jünger ist als die Geliebte. Was übrigens das Mißverhältniß der Jahre betrifft, so vergleicht Schwabe mit Recht Properz und Cynthia, die mehrfach wenig galant von ihrem jugendlichen Liebhaber (iuvenis) anus genannt wird, und besonders Catulls Nebenbuhler, Cälius Rufus, der sogar 12 Jahre jünger war als Clodia (p. 132).

²²) Vgl. Mommsen „die patricischen Claudier" in den Monatsberichten der Berliner Akademie 1861 März.

²³) In der Anordnung der Lesbialieder weiche ich mehrfach von Schwabe und seinen Vorgängern ab. Die Kriterien sind meist psychologische und beruhen auf gewissen Steigerungen des Tons und der Farbe, die im Einzelnen nachzuweisen ermüdend wäre: sie müssen sich durch den Zusammenhang selber rechtfertigen. Unmöglich können c. 83 und 92 der Zeit eines ersten Zerwürfnisses angehören; der erste leise Schatten des Zweifels scheint dem Dichter vielmehr aufgestiegen zu sein, als er c. 109 schrieb, das Schwabe erst in seine „dritte Periode" setzt. Unmöglich ferner kann c. 82 Aufilena gemeint sein, zu der ein innigeres Verhältniß Catulls aus c. 110 und 111 gewiß nicht hervorgeht, und auch nicht aus c. 100. Denn der Veroneser Cälius, dessen „Freundschaft sich einzig vollkommen erwiesen hat", cum vesana meas torreret flamma medullas, ist derselbe, welchem Catull c. 58 über den Fall seiner Geliebten klagt: Caeli, Lesbia nostra, Lesbia illa u. s. w., „unsere Lesbia", weil eben Cälius mit uneigennütziger Freundschaft an seinem Glücke Theil genommen hat, während Andere ihn hintergingen. Die vesana flamma kann man nach Allem, was das Liederbuch uns lehrt, auf Niemand anders beziehen, als auf Lesbia. Daß aber der Cälius von c. 58 identisch sei mit dem Rufus von c. 77, ist wiederum eine psychologische Unmöglichkeit.

Ganz unzweifelhaft auch ist mir, daß c. 42 nicht eher geschrieben sein kann, als bis der Bruch definitiv und unheilbar war, daß es unmöglich in dieselbe Periode wie c. 8 hinaufgerückt werden darf.

²⁴) Vgl. O. Jahn Berichte der Sächs. Gesellsch. I 419 ff.

²⁵) Es ist also weder an eine Lücke noch an Interpolation zu denken.

²⁶) Den letzten Vers: cum tantum sciat esse basiorum, habe ich unbedenklich gestrichen. Die Composition in 4 dreizeiligen Strophen hat Th. Maurer (Rhein. Mus. XIV 322) richtig erkannt.

In dieselbe Zeit des noch ungestörten Glückes gehören unzweifelhaft c. 7 und 16, vielleicht auch 86.

²⁷) Ich ziehe vor, mich einfach an das zu halten, was das Gedicht V. 19 ff. selbst angiebt, statt der etwas künstlichen Annahme Schwabe's p. 126 zu folgen, als habe Catull sich nach Verona zurückgezogen, um der Lesbia aus dem Wege zu gehen, schäme sich aber, das Zerwürfniß als eigentliche Ursache seiner Reise vor Manlius zu bekennen. Das sind Luftgebilde, die den reinen Ton der Elegie nur trüben. Es ist gewiß wahrscheinlich, daß eben die durch Familienumstände gebotene Entfernung Catulls auch die erste Versuchung für Lesbia zur Untreue gewesen ist. Auch die Worte quivis de meliore nota V. 28 weisen auf eine frühere Zeit, auf dieselbe Periode, der c. 68ᵇ unzweifelhaft angehört (vgl. V. 135 ff.), wie schon aus den Klagen über den Tod des Bruders (68ᵃ, 19 ff. 68ᵇ, 89 ff.) hervorgeht.

Die Elegie an Allius ist natürlich für Lesbia berechnet, und eben durch den Brief des Manlius veranlaßt.

²⁸) Ovid trist. II 433, Plinius epist. V 3, 5, Gellius XIX 9, 7, Cicero Brutus 70, 247.

²⁹) quadrantaria nannte sie Cälius: Quintilian VIII 6, 53, Cicero pro Caelio 62.

³⁰) Ich nehme Haase's (miscell. philol. III 5 im Breslauer Programm 1861 p. 13 ff.) schöne Herstellung dieses Gedichtes an, nämlich die Einfügung von 65, 9—14 nach 101, 6, so daß das Ganze besteht aus: 101, 1—6 + 65, 9—14 + 101, 7—10.

³¹) La peninsola di Sirmione sul lago di Garda, illustrata dal nobile conte Giovanni Girolamo Orti Manara. Verona 1856 fol., ein Werk, das ich freilich, wie Schwabe, nur aus Philologus XII 754 kenne.

³²) Ueber die politischen Beziehungen des Gedichts ist Mommsen Röm. Gesch. III 315 f. Anm. zu vergleichen.

³³) Ueber die Wahl des Vatinius vgl. Dio 39, 32, Plutarch Cato min. 42, Pomp. 52, Valerius Maximus VII 5, 6; über Cicero's Vertheidigung besonders seine lange Rechtfertigungsepistel

an Lentulus ad fam. I 9, und dazu ad Quintum fratrem II 16; die mitgetheilten Stellen aus der Rede des Calvus stehen bei Aquila Romanus p. 183 Ruhnk., Quintilian VI 1, 13. IX 2, 25 (vg. VI 3, 60), der Ausruf des Vatinius bei Seneca controv. VII 6 p. 211 B., — Alles bei H. Meyer: oratorum Romanorum fragmenta p. 474 ff. Da der dialogus de oratoribus 21 von mehreren accusationes, quae in Vatinium inscribuntur, spricht, und unter ihnen besonders eine secunda rühmt, so befanden sich in der 21 Reden umfassenden Sammlung, welche Calvus hinterließ, wenigstens 3 Reden gegen Vatinius. Da nach derselben Schrift c. 34 Calvus (geb. 672/82), als er gegen denselben auftrat mit Reden, die man später noch „mit Bewunderung" las, nicht viel über 22 Jahre alt war, (non multum aetate antecedens) und noch lange nicht das quästorische Alter von 30 Jahren erreicht hatte (multum ante quaestoriam aetatem: Quintilian XII 6, 1): so muß er schon vor 700/54 ein- oder zweimal, etwa im Jahre 696/58 als 24jähriger, wie Ellendt prolegg. ad Brutum p. CXXIV vermuthet, den Vatinius angeklagt haben. Und eben dieß bezeugen die Bobienfischen Scholien zur Vatiniana Cicero's p. 323 Or.: nämlich eine Anklage des Vatinius de vi durch Calvus im Jahr 696/58. Durch Combination mit Cicero in Vatinium 14, 33 ergiebt sich, daß Vatinius, zunächst (vielleicht auch schon durch Calvus) lege Licinia et Junia (ne clam aerario legem ferri liceret: schol. Bob. in Sest. p. 310, 9 Or.) vor dem Prätor C. Memmius belangt, diesen Proceß durch den von dem Scholiasten wie von Cicero geschilderten Tumult mit Hülfe des Clodius erledigte, und eben deswegen (Cicero selbst sagt: rediit ad illam vim et furorem suum e. q. s.) auf's Neue de vi verklagt wurde, wahrscheinlich auf Grund jener lex Plautia, deren Nichtachtung Calvus in seinem Klimax unmittelbar vor dem ambitus rügt. Da übrigens die zweite seiner Reden gegen Vatinius als die bedeutendste im dial. de or. 21 bezeichnet wird, so bin ich nicht abgeneigt, zu glauben, daß eben jene de ambitu im Jahre 700 gehaltene, von Rhetoren und Grammatikern excerpirte, die zweite unter den wirklich ausgearbeiteten und herausgegebenen ist.

Von einer doppelten Vertheidigung durch Cicero wissen wir aus Valerius Maximus IV 2, 4: aus den angeführten Briefen aber geht hervor, daß jedenfalls die erste der Ciceronischen Vertheidigungs- reden in das Jahr 700/54 fällt, also in den Proceß de ambitu ge- hört. Das drollige Urtheil aus der corona über Calvus: „sala- putium disertum" (53) bezieht sich natürlich auch auf eben diesen Fall. So gut übrigens hier crimina Vatiniana Anklagepunkte gegen Vatinius bedeuten, eben so richtig und einfach werden wir auch das odium Vatinianum 14, 3 als gemeinschaftlichen Haß gegen Vatinius, nicht „von Seiten des Vatinius gegen Calvus," interpretiren, wie Schwabe p. 258 ff. thut, der in dieser ganzen Frage nicht richtig argumentirt.

³⁴) Schwabe stellt diese Periode (cap. IX) so dar, als ob Catull nach den gemachten schmerzlichen Erfahrungen in Liebe und Freund- schaft aus Verbitterung und Menschenhaß sich der politischen Oppo- sition ergeben habe. Wir hätten also gewissermaßen auch an ihm einen von jenen „ihren Beruf verfehlt habenden Literaten," beson- ders wenn wir seinen leeren Geldbeutel noch mit in Rechnung ziehen. Dem ist aber nicht so. Denn erstens deutet Alles darauf, daß seine politische Gesinnung wie die des Calvus von jeher die- selbe gewesen ist; und daß er weder den Humor noch die Lust am Leben und warme Empfindung verloren hat, beweisen genug nicht- politische Gedichte aus der letzten Zeit, wie 45. 55. 84. 99. Hierher gehört auch das schon angeführte c. 13, dessen Hauptspaß eben darin besteht, daß der Eingeladene zu dem Picknick ebenso- wenig beizusteuern vermag, wie der Wirth, weil er wie dieser Nichts aus der Provinz heimgebracht hat, und hungrig quaerit in trivio vocationes (47, vgl. 28). Woraus folgt denn, daß mea puella (13, 11) immer die Lesbia sein muß? Was hindert denn z. B. an Ipsitilla zu denken, die c. 32 doch zärtlich genug meae deliciae, mei lepores genannt wird, und deren (im Augenblick fingirter) Name Nichts ist als ein humoristisches Deminutiv von ipsa, der übliche Ergebenheitsausdruck, wenn Gesinde und Lieb- haber von ihrer Herrin sprechen, wie denn auch der Sperling 3, 6 suam ipsam, d. h. suam dominam so gut kannte, wie das Kind

die Mutter. Vgl. Bücheler's Bemerkungen über ipsumus und ipsuma, sowie über Ipsitilla in seinem Petron p. 74. Und wenn die spröde Freundin des Mamurra, die c. 41 in 8 Versen offenbar höhnisch viermal, jedesmal in der ersten der 4 Doppelzeilen, und auch in dem Laufpaß c. 13 zu Anfang puella genannt wird, den empfindlichen Dichter erhört hätte, so würde er auch sie ohne Bedenken mea puella genannt haben.

35) Vatinius schwört bei dem Consulate, daß ihm in Luca zugesichert ist, lange vorher, ehe er es wirklich (707/47) angetreten hat (Mommsen R. G. III 314 Anm.). Unter Nonius ist vielleicht (mit Lehmann Philologus Supplem. II 205) der Cäsarianer L. Nonius Asprenas zu verstehen, der 708/46 im Afrikanischen Krieg Proconsul war. Vgl. Schwabe p. 35 ff.